OHSAMA BUNKO

心屋仁之助の
なんか知らんけど
人生がうまくいく話

心屋仁之助

はじめに……なんか知らんけどうまくいく、ゆるやかで素敵で楽しい世界へ！

こんにちは。性格リフォームカウンセラーの心屋仁之助です。

心の世界には、「Aをすると必ずBになる」という数学的な「方程式」があるわけではありません。

AをするとBになることも、CやDになることもあります。

人の数だけ、「答え」も「結果」もさまざま。

「これが正解！」という明確な答えがあるわけではないから、人は「ああでもない、こうでもない」「どちらを選べばいいか」と悩むし、心の糸がもつれることもあるわけです。

僕はこれまで、さまざまなお悩みの解決に取り組んできました。

たくさんの人の相談に乗り、話を聞く中で気づいたこと。

それは、人生に「方程式」はなく、心の世界に「これしかない」という明快な答えがなかったとしても、

「なんか知らんけど、人生がうまくいく方法」

は、あるなぁ……ということでした。


そして、この「なんか知らんけど、人生がうまくいく方法」というものが、多くの人にとっては、

「なんだ、それ？」

「意味がわからん！」

というものだということにも気づきました。

だって、「今うまくいっていない人」が考えている「うまくいく方法」は、「本

当はうまくいかない方法」なんですもの。

そして、かつての僕自身、「うまくいかない方法」で努力して、でも結果が出なくて、うまくいっている人を見てイラッとする……ということを繰り返していました。

この本には、

「常識外れでしょ」

「信じられない！」

「わかっているけど、できないのよ」

と思うことや、心がザワッとすることが、たくさん書いてあります。

当然です。だって、今まで信じてきたことの「真逆」をしましょう、と言っているのですから。

心の世界を「真逆に変える」のだから、スンナリいかないし、なじめなくて当たり前、気持ち悪くて当然です。

たとえるなら、「今まで右利きでしたね。これからは、左利きで生きていきましょう〜」ということですから。

でも、「まぁ、とりあえず」という感じで、ゆるゆると試してみてください。

きっと、そこから人生がパッカーンと開けていきますよ。

心屋のもとには、圧倒的に女性がたくさんいらっしゃいます。

そこで、この本は、彼女たちのお悩みとして、よく相談を受ける、

＊結婚生活のあれこれ

＊子育て、家族のこと

＊家庭と仕事の両立

などについて、まとめてみました。

うまくいっている人だけが知っている、言葉では伝えきれない、計算式では表現できない不思議な世界。そして、ゆるやかで素敵で楽しい世界。

そんな、

「まったく知らなかった」

「信じられない」

それなのに、

「なんか知らんけどうまくいく」

世界へ、これから皆さんをお連れしたいと思います。

この本という「ガイドブック」を手に、しっかりついてきてくださいね。

心屋　仁之助

もくじ

1章 人生がパッカーンと開けていく話

……何があっても「受け止める」と別次元にワープできる

2章 「ま、いっか」と心が広くなる話

……「結婚&あの人とのあれこれ」が教えてくれること

3章 人生から「問題」が消えていく話
……「子育て」の悩みからあぶり出される真実

4章

「気にしない」ほうがうまくいく話

……それ、全部「気のせい」かもよ

5章

「好きなこと」だけ、やっていく話

……そのために「一番イヤなこと」を通り越していく

1章

人生がパッカーンと開けていく話

……何があっても「受け止める」と別次元にワープできる

1

まずは「自分を許す」

あなたにも、誰かを「許せない」と感じた経験があると思います。

もしくは、「許せない」とまではいかなくても、「イラッとするな」とか、「気にくわない」など、誰かに対してネガティブな反応が出た経験。

思い出すとムカムカしてきたり、胸がチクッとしたりすることも、もちろん含まれます。

そんな「許せない気持ち」を手放してラクになるには、どうしたらいいのでしょうか。

＊「心の視線」をどちらに向けるか

僕たちが「許せない」と思っているときは、頭の中で、「あの人が……」という言葉を繰り返しています。

「あの人が、私を怒らせる」
「あいつが、私にひどいことをした」

つまり、「あの人が」「あいつが」と、主語が相手になっています。

この**「心の主語」が相手になっているところから抜け出す**ことが、まず大きな一歩になります。

「あいつが私にこういうことを言った、こういうひどいことをした、あれをしてくれなかった」

それに対して、**「私が」どう思ったのか、**というところに、視線を移していってほしいのです。

たとえばお姑《しゅうとめ》さんのところに行ったとき、気を利かせて手料理をわざわざタッパーに詰めて持っていったのに、

「なんか美味しくないわ。しょっぱいのよね。塩がきついのよ。私が年寄りだってこと、わかってるのかしら。もういらないんだけど」

と、言われました。

ムカッとしますよね。そのお姑さんの言葉が、いつまでも頭の中でリフレインすることでしょう。

「どうしてお義母さんに、そんなことを言われなきゃいけないの」

「お義母さんだって、決して料理上手とは言えないのに。こっちはガマンして食べてあげたことだってあるのに。自分のことは棚にあげてるじゃないの」

そんな思いが、渦を巻いてくると思います。

それでも、「相手が」「お姑さんが」「ダンナさんが」「あのひどい人が」ではなく、**「私が」どう感じたのか**——そちらの方向に、考えを徐々にシフトさせて

いってほしいのです。

✳「ムカムカ気分」をスーッとさせる特効薬

相手を許せない人は、実は「自分を許せない」人です。

イヤなことを言われた、ひどいことをされた、イヤなものをぶつけられた、愛情をもらえなかった――〝そのときの自分〟を許していないのです。

〝そのとき〟に言い返せなかった自分。
びっくりしてしまって、何の対応もできなかった自分。
ひどいことをされるような情けない自分。
相手を理解してあげられなかった器の小さい自分。
恥ずかしい自分。
弱い自分。

さっきの例だと、お姑さんに何も言い返せなかった自分。黙って料理を下げることしかできなかった自分。家に帰ってから、切ない気持ちでタッパーを洗った自分。

実は、そういう自分自身を許せていないのです。

「あのときに、もっとこう言えばよかった」

「あのときに、もっと反応すればよかった」

「あのときに、もっと相手のことを叩きのめせばよかった」

「相手に『傷ついた』と言えばよかった」

そういう自分を許せていないから、いつまでもムカムカやモヤモヤを引きずってしまうのです。

「相手を許せない」のではなくて、「相手に何かされたときの自分を許せない」。

まず、ここに気づき、**「自分を許す」**ことで、人生が「パッカーン」と開けていきますよ。

2 あの人のこと「見張ってる」と疲れるよ

「許せない」という感情の根っこには、相手に、

①大切なものを奪われた

②大切なものをもらえなかった

という思いがあります。

何を奪われたのかというと、自分の愛情、もしくは人間としての尊厳を奪われた。何をもらえなかったのかというと、人間として大切にしてもらえなかった。

それが情けなく、悔しく、怖かった。

そう言って魂、心がウワーッと叫んでいるのが「許せない」という状態です。

この魂の叫びが、いつまでも終わらないので、僕たちは苦しんでいます。

カウンセラーとして、色んな方の話を聞いていると、こうした「許せない」思いを抱いている対象として一番多く出てくるのが、「親」です。

子どもの頃に、親に自尊心が傷つくようなことを言われた。親の都合でいろいろと振り回された。やりたいことをやらせてもらえなかった。あるいは、虐待を受けていた。一番大切にしてもらえなかった。わかってもらえなかった。

程度の差こそあれ、「許せない」という思いを抱えているという点で、全部「同じ話」だと思ってください。

✳「疑惑はエスカレートする」の法則

「許せない」という気持ちが心に湧いてくると、僕たちは次に何をするかというと、その人や、その人の身代わりとなる人を見張り始めます。

「またやるんじゃないか、あの人」

と、じっと見張ります。

そうして見張り始めるとき、頭の中には、

「あの人は、私のことを大事にしていないはずだ」

という大前提ができあがっています。

また、私のことを悪く言うんじゃないか。

また、ひどいことをするんじゃないか。

また、浮気するんじゃないか。

そういう目で、いつまでも相手を見張り続けるようになるのです。


たとえば、夫が会社に行っている間も、何とか見張ろうとします。夫の会社周辺を、さりげなくうろついたりします。

夫が帰ってきたら財布の中を見たり、携帯をチェックしたり、スーツの内ポケットを探ったりして、いろいろな形で見張り続けます。

相手が目の前にいるときも、いないときも、自分の頭の中では、ずーっと相手を見張っている状態になってしまうのです。

✳どんな人も、叩けばホコリは出る

「許せない」から抜け出すためのキーワードは、**「見張らない」**。

どんなにキレイな人でも、叩けばホコリが出ます。

強く叩けば叩くほどホコリが出るし、出ていなくても、ホコリが出ているように見えてきてしまいます。

だから、「ほらね、やっぱり、ホコリが出てくるじゃないの」と言って、いつまでも見張り続けることになるのです。

頭の中の大前提が、「あの人は、私のことを大事にしていない」という思い込みになってしまっているからです。

その「私は大事にされていない」という大前提が、今「許せない」と思っている相手によって始まったのか、実は昔からずっと心の底で「自分は人に大事にされない」と思い続けてきたのか。

そこをよく見定めておかないと、しだいにわけがわからなくなります。目の前の出来事や、目の前の許せない人に翻弄《ほんろう》されて、自分の「心の根っこ」を見つけられなかったら、ずっと見張り続けることになります。

「許せない」から抜け出すためのキーワードは**「見張らない」**。

見張るのをやめると、面白いくらい気がラクになりますよ。

見張るのって、疲れるんですよね。

3

「もう、いい」と受け容れたら「扉」は開く

許せない思いを抱えている人は、心の中でずーっと、

「許せない、許せない、許せない……」

という言葉を繰り返しています。

そして、耳を澄ませてよく聞いてみると、〝もう一つの声〟が聞こえてきます。

その声は、とても切なく苦しそうに、

「許したい、許したい、許したい……」

と言っています。

「許せない」の裏側には、「許したい……」という思いが、常にあります。

「許せない、許せない、許せない……許したい、許したい、許したい……」

もういい加減、許してラクになりたい。

見張るのにも疲れてきた。そろそろ心が限界です。

それなら、許せばいい。でも、それはできない……。

僕らは、こういうところで、いつまでも悩んでいるのです。


では、何がどうなったら許せるのでしょうか。

一体、相手が何をしてくれたら、自分がどうなったら、相手のことも自分のことも許せるのでしょうか。

たとえば相手が、「本当に悪かった。あのときは申し訳なかった」と本気で謝ってきたら、どうでしょうか。

それでも、「謝られてもな」と気がすまない人は絶対にいます。

「謝ってすむのなら、警察はいらない！」と言う人も、絶対にいるでしょう。

浮気をした夫が、反省したらしく土下座をして謝ってきました。

「土下座されたって、浮気された過去は絶対消せないし」

「土下座されたって、浮気される前にタイムスリップできるわけじゃないし」

それは、当たり前です。

✳自分の中で「流れ」が一気に変わる瞬間

「許せない」相手に、謝ってほしい。

奪ったものを、返してほしい。

くれなかったものを、与えてほしい。

自分のつらい気持ちを、わかってほしい。

それを **〝してもらえないまま〟終わらせるのが、「許す」** です。


つまり、自分は奪われたまま何も返してもらっていない。自分の心の傷も痛みも、少しもわかってもらっていない。
それでも**「もういい」**と決める。
相手に何も返してもらえなかったら、大損です。
その**〝ものすごい大損〟をする覚悟を決めることが「許す」**ことなのです。

つまり、「許す・許さない」という問題は、相手にされた「ひどいこと」の程度によるものでも、その後の相手の「謝り方・償い方」に左右されるものでもありません。
最初からずっと、問題はすべて〝自分の側〟にあるのです。

では、いつ許すのか。いつ終わるのか。
それは**「損する」覚悟をしたとき**です。

「謝ってもらえなくても、もういいや」

「何ももらえなくても、もういいや」
「奪われたままでも、もういいや」
「傷つけられたままでも、もういいや」

そういう〝損する覚悟〟ができたときに、自分の心の中ですべてが一斉に終わります。

✳夫婦ゲンカを一発で解決する方法

もっと身近なところで言えば、夫婦ゲンカも、こちらが〝損する覚悟〟をできた瞬間に、一発で解決します。

この間、奥さんの実家に里帰りしたときに、夫婦ゲンカをしました。彼女の実家のある浜松をドライブ中に奥さんが、

「オシャレなカフェに行きたい」

と言いだしたのです。僕はそんなオシャレなカフェでお茶を飲むよりも、美味しいウナギを食べたかった。

でも、彼女がせっかく探してきたのだから、そのカフェに行こうということになって、カーナビを設定したら、そこから一時間くらいかかる遠いところでした。


「一時間もかかるじゃないか」

と僕が言うと、奥さんが、

「一時間もかからない！」

と言って、急に怒りだしました。

「だって、カーナビが一時間って言ってるじゃないか」

「カーナビは、道を知らないのよ」

「そんなわけないだろ」

「カーナビに出ていない、町の中の細い道を通ったら、もっと早く着く」

「どれくらいで着く？」

「二十分は違う」


細い道を通っても、絶対にそんなに時間は変わりません。久しぶりに言い合いになりました。今までだったら、相手が納得するまで言い合いをしていました。

それでも途中で、僕は、

「もういい。損してもいい。『あなたの言うことが正しい』ということでいい」と思って、ふっと飲み込んだら、奥さんが急に謝ってきました。ふだんは絶対謝らない人なのに、です。


相手に、わかってもらえなくてもいい。

誤解されてもいい。

傷つけられたままでもいい。

何も取り返せなくてもいい。

傷つけられたまま、相手に謝ってもらえなくてもいい。

そんなふうに、大事なものを奪われたまま、もらえなかったまま、怖いまま、わかってもらえないままで**「損してもいい」と覚悟を決めることが、「許す」ということ**なのです。

逆に、いつも自分が損して、ガマンして飲み込んで、物事に波風が立たないようにして生きてきた人は、「もう損しない！」「ガマンしない！」「飲み込まない！」ことが「損してもいい」ことになるのです。

4 その「虚しい戦い」、いつ終わらせる?

許すこと——それは、別の言い方をすれば、**「損してやる」という〝覚悟〟**をするということ。

「覚悟」という言葉の中には、「悟る」という字が入っています。

悟りを開いた人というのは、霞《かすみ》を食べて何もかもホワッとしているような仙人ではなくて、**「何が起きても、それを受け止める」**という覚悟をした人なのだろうと思うのです。

そういう人は何が起きようが、人から何を言われようが傷つかないし、

「ああ、そうなんだな」

と受け止められる人なんだろうなと思います。

僕自身もそういう境地を目指して、がんばっていきたいと思っている今日この頃です。

✳「豊かさ」いっぱいの世界を楽しむコツ

「許せない」という気持ちを持っているときというのは、心がキュッとねじれているのです。

いつまでも「許さない」と言っているということは、別の言い方をすれば、「大切なものが返ってくるまで、私は納得しません。もらえなかったものをもらうまで、私は納得しません。損したままでは、私はいませんよ」と心を閉じて戦っているのです。

裁判をして戦ってでも、奪い返したいと思っています。

そして戦って奪い返せたのが、わずかばかりの金額だったら……「私はこんなに苦しんでいるのに、これっぽっちの金額しか認めてくれない裁判制度が許せない！」と、また新しい「許せない」思いがフツフツと湧いてきます。

そうなると、〝許せない人間〟が、周囲にどんどん増えていきます。

周りの人は、いい迷惑です。

こちらが「許せない」と言っている間も、相手は気楽にヘラヘラと生きているかもしれません。

こちらが損したくないと思ってガチガチになって生きていても、相手はヘラヘラと笑いながら生きています。

「あいつが苦しんでいればいいのに」と思っている間、自分だけが苦しいのです。

いつまでも、相手がヘラヘラしているのを見張っていないといけません。

「もう見張るのはやめる」と決めるのです。

そのためのキーワードは、**「警報システムの解除」**です。

解除すると、奪われるかもしれません。

「許せない」と言っている人は、その間ずっと、ギュッと心を閉じています。

それを「開く」のです。

本当は、その人の周りには優しい人がいっぱいいます。

豊かさもいっぱいあります。

でも「損したくない、損したくない、損したくない」と扉をギュッと閉じているから、豊かさも、周りの人の優しさも、受け取れません。

これが一番の、本当の〝大損〟です。

「許せない」「損したくない」と思っている人は、大損しているのです。

5 「愛情」がドーッと一気になだれ込んでくる話

「許せない」という杭《くい》にしがみついている間、人は言葉で表現できないくらい大損しています。

歪《ゆが》んで心を閉じて自分が周囲の愛情や優しさを受け取っていないくせに、「誰も優しくしてくれない」と言っているのです。


心が歪んでしまっているから、みんなに優しくされても、

「どうせ裏があるんでしょう」

「どうせ、私のことをかわいそうだと思ってるんでしょう」

と疑ってかかったり、信じられなかったりして、非常にややこしい感じになります。

でも、一度「損してやる」と心が「開いた」ら、自分の周りにはこんなに愛情がある、ということに気づけます。これが「**勇気**」です。

その瞬間、あなたの周囲にずっと充ち満ちていた〝愛情〟が、ドーッと一気になだれ込んできます。

「さっきまでの私は、一体何がどうしちゃってたんだろう？」

とおかしくなるぐらい、魔法のように幸せになれます。

「許す」という非常に難しそうに思えることも、

「ま、いっか」

という言葉をつぶやけるようになったら、それでおしまいです。

「ま、いっか」というのは、結局「損してもいいか」ということです。

「ま、いっか」「損してもいいか」と言えるようになって、笑えたら終わりです。

そして、次につぶやいてほしい言葉が、**「どうせ愛されてるし」**です。

「ああいうこともあったけれども、自分はどうせ愛されているし、どうせ豊かだし、損しても大丈夫だ。どうせ望むことは、全部かなう」

こう唱えてほしいと思います。

どうせあなたは、許そうが許すまいが愛されているし、損してもまったく大丈夫です。

そして、そのときの合い言葉が、**「ま、いっか。どうせ愛されてるし」**なのです。

魔法のように幸せを呼ぶ「6つのステップ」

がんばらなくても、何ができても何ができなくても、自分が信じようが疑おうが、一切関係なく、あなたは世の中から愛されています。これを自分の中で受け取れた瞬間に全部が変わります。

これを信じてもらうのが、「許す」ための一番の近道かもしれません。

周囲の人にイラッとしたときや、誰かに対してネガティブな思いを持ったときは、次の六つのステップを、自問自答してもらえるとうれしいなと思います。

①（自分は）本当は何を伝えたいのか
②本当はどんな気持ちをわかってほしかったのか
③どんな気持ちをわかってもらえなくて、悲しくて苦しかったのか
④どうして、それを言えなかったのか、言うとどうなりそうで怖かったのか
⑤本当は何を言いたいのか
⑥言えなかった自分のことをどう思っているのか、どう責めているのか

この①〜⑥の順番で物事を考えてみると、自分の中の傷ついた思い、終わらせることができていない思い——そこに自分の本心・本音があることがわかってきます。

それがわかってきたら、次の〝魔法の言葉〟を言ってみてほしいと思います。

「ま、いっか。あー、損してもいいか」

「お金を使っても、いっか。贅沢《ぜいたく》してもいっか」

「できない自分も愛されてるし」

「がんばってきた自分も愛されてるし」

「病んでる自分も愛されてるし」

「あーあ、どうせ愛されてるし」

「え？　そうかな？　そんなはずないよな」

「いや、でも思ってみようかな」

「いや、でもなあ」

「ま、いっか、どうせ愛されてるし」

6

〝腹黒い自分〟も、さらけ出してみる

こんな質問をいただきました。

「お姑さんが、すごくきつい〝言葉のボール〟をぶつけてくるので、毎日許せない気持ちでいっぱいです。でも、何も言い返せず、悔しい思いをしています。どうしたらいいのでしょうか」

お姑さんとの関係で葛藤を抱えている人を、僕はこれまでのカウンセリングやセミナーでたくさん見てきました。

多くの場合、「お姑さんだから」「義理のお母さんだから」と、自分が言いたいことを言わないでいるところから、**女同士の〝冷戦状態〟**が始まっているのです。

本当はイヤな思いをしているのに、〝いい嫁〟ぶって何も言わないで黙っていると、お姑さんから「この嫁は何を考えているんだろう」と、余計に腹を探られることになります。

別な言い方をすると、「慇懃無礼《いんぎんぶれい》な嫁（※バカ丁寧《ていねい》にしていると、かえってバカにしているように見えるのと同じです）」と思われてしまいます。

「うちの嫁は、私に対する言葉遣いは丁寧だけど、なんとなく態度が悪いのよね。ほら、あの目つきがイヤな感じ。きっと私をバカにしているんだわ」

そんなふうに思われて、ますます攻撃されます。

✳「イヤ〜な心理戦」を終わらせる法

「イヤなものはイヤ」と、お姑さん相手でも、お舅《しゅうと》さん相手でも、ちゃんと言いましょう。そのほうが、逆に〝わかりやすい嫁〟だと思われて、かわいがられるはずです。

義理の家族であっても、言いたいことはちゃんと言う。

そうしたら向こうも、言いたいことを言ってくるでしょうから、お互いにスッキリできます。

ヘンな腹の探り合いをしなくてよくなるから、無言のイヤ〜な心理戦を終結できるのです。

今日から**「悪い嫁になる」**が、キーワードです。

もし、あなたも同じようなことで悩んでいたら、ダンナさんに「私、悪い嫁になってもいい？」と聞いてみてください。

絶対に、それが平和への一番の近道です。

表面的な平和ばかりを望んでいるから、争いが終わらないのです。

「私はお姑さんと争う」と決めたら、急に本当に平和になるのです。

腹の中に持っていた〝悪い嫁〟を外に出しましょう。

自分が腹の中に「悪」を隠し持っているから「悪い姑」が目の前に現われるのです。

＊「潔癖ぶるから、ゴキブリが寄ってくる」の法則

僕のセミナーでは、今まで言えなかった、言わないようにしていた〝本音〟を、わざと口に出す練習をしてもらうことがあります。

すると今まで、「本音や汚い言葉を口に出すと、絶対にひどい事態になる」と思っていた人が、**「汚いものを出したら事態が好転する」**という、想像していたのとまったく逆の現実が現われることに気がつき始めるのです。

誰かに対してイヤな思いを抱いているのに、ずっと何も言わずにいたら、自分の中に〝汚いもの〟がたまっていきます。

言いたくても言えなかった「バカヤロー」とか「イヤだ」「嫌いだ」とか、そういう言葉が、澱《おり》のように胸の奥に積もっていきます。

すると、その〝自分が言えないでいる言葉〟を、なぜか他の誰かが、自分に向

かってぶつけてくるのです。

どういうことかというと、自分の中には確かに、清らかな〝いい人〟がいます。

でも、**同時にひどい自分、汚い自分も絶対にいます。**

それを「こんな汚い自分は私ではない」と隠していると、他の誰かが代わりに、その部分を露骨にさらけ出した〝悪い奴〟として現われます。

自分が清廉潔白な〝いい人〟でいようとすればするほど、

「お前だって、本当は腹が黒いんだろう」

と、意地悪な人が、周りで好き放題暴れだします。

自分だけはキレイでいようとして潔癖になればなるほど、ゴキブリがうごうごと寄ってくるのです。

キーワードは**「悪い奴になる」**です。

そのためには、できる限り、今までの自分の人生では口に出したことがないような言葉を口に出す練習をしてみる。罵詈《ばり》雑言《ぞうごん》を人に浴びせる。

いきなり人に浴びせるのは、難しいかもしれません。まずはお風呂の中で練習してください。

本音を声に出してみるところから、始めましょう。

そういうことに、ぜひチャレンジしてみてほしいなと思います。

目の前の人と〝もめる〟勇気を持ってください。

絶対に大丈夫です。そのほうが、最終的にお互いが気持ちよくなれるのです。

次章からは、「結婚」そして「子育て」を通して見えてくる自分の「心」について、さらにくわしく書いていきたいと思います。

2章

「ま、いっか」と心が広くなる話

……「結婚＆あの人とのあれこれ」が教えてくれること

7 あの人は「自分の本音」を映す鏡

心屋のセミナーやカウンセリングではいつも、

「どうして、こんなに一生懸命やっているのに、わかってくれないのか」

「本当に私は愛されているんでしょうか」

「ダメなあの人をなんとかしたいんです」

といったお悩みをたくさんいただきます。

いわゆる、相手を変えたい、相手との関係をなんとかしたいという悩みですね。


でも、ここで驚きの真実をお伝えします。

「気になるあの人」の表情や発言は、すべてあなた自身を〝鏡に映した姿〟です。

目の前の相手は、もう一人の自分です。

「そんなこと、どの本にも書いてあるよ」と言わず、今一度もう少し、読んでみてください。

たとえば、あなたのダンナさんが人の話をまったく聞かなくて、勝手に一人で色んなことを決めちゃって、どうしようもない「頑固者」だとします。

そういうことで、あなたがプリプリ怒っていたり、納得がいかなかったりするときは、あなた自身も意固地になってダンナさんの話を聞かず独りよがりになっている「頑固者」ということです。

相手のことを、

「けしからん」

「間違っている」

「私のほうが正しい」

と思っているときは、向こうもまったく同じように思っています。お互いに相手のことを受け容れていないのです。

特に、ダンナさんや奥さん、恋人といったパートナーとの関係では、それがはっきりと現われます。

自分の気づいていない自分の姿や行動を、イヤになるくらい、はっきりそのまま映し出してくれるのが、目の前の相手の表情や言動なのです。

＊「なんかムカつく……」そこに何がある？

目の前の彼・彼女を、「本音の自分」だと思って、接してみる。

ダンナさんがなぜか不機嫌なときは、実は自分が不機嫌な気持ちをガマンしている。

奥さんが泣いているときは、実は自分自身がつらくて泣きたい気持ちをグッと抑え込んでいる。

パートナーは、自分の気づいていない心の中を理解するための〝センサー〟のようなものだと思ってみてください。

つまり、目の前の相手の「本心」を聞いて、それを理解していくことが、自分の知らない本音を理解して、自分を大事にしていくことにもなるわけです。

ダンナさんや奥さんに限らず、友人でも上司でも部下でも同僚でも、自分の近くにいる人に対して、

「なんかムカつく」

「なんで、アイツって、いつもこうなわけ？」

と妙に気にかかるとき、それは自分で「自分の本音」に気づいていないというサイン。

そんな相手としっかり「向き合う」と、心の縛《しば》りが解けて、自由な自分を感じられること、多いですよ。

8 凸凹《でこぼこ》している二人だから、助け合える

ここで、みなさんに一つ、ワークをしてほしいと思います。それは、「自分には、こういうところが足りないな」と思うことを箇条書きにすること。

あなたが、「自分にはこういう能力が足りないな」「こういう資質が足りないな」「こういう技術がないな」と思うのは、どんなことでしょうか。

僕の場合は、

＊「英語がしゃべれない」
＊「体がスリムじゃない」
＊「お酒が飲めない」

＊「ファッションセンスがいまいち」
＊「人なつっこさがない」
などです。

「あまり頭がよくない」でも、「片付けができない」でも、「要領がよくない」「愛嬌がない」「人と仲よくなる能力がない」でも、なんでもいいので、思いつく限り挙げてみてください。
「こういう力がほしいな。こういうことができたらいいな」と感じるのは、どんなことでしょうか。

＊自分に〝欠けたパーツ〟を持っている人に惹《ひ》かれる法則

「いい知らせ」と「悪い知らせ」があります。
まず、「いい知らせ」から。

あなたが「自分にはこれが足りないな」と思っている能力は、パートナーがすでに持っています。今、パートナーがいない人でも、それを「持った人」が、あなたの人生に現われます。

あなたの中の「欠けたパーツ」は、ちゃんとパートナーが持っていて、補ってくれるのです。

たとえば僕の場合で言えば、英語がしゃべれて、体がスリムで、お酒が飲めて、センスがあって、人見知りしない奥さんがいてくれます。

「僕に欠けているもの」をすべて、彼女は持っている。

自分が「足りない」と思っているところを持った人が、パートナーです。

その人は、自分のパズルの欠けているところに、ピッタリのピースを持ってきて、パチッとはめてくれる人として、姿を現わします。

だからこそ、僕らはその人に惹《ひ》かれて、大切に感じて、ずっと一緒にいたいと思うようになる。

もちろん同じように、パートナーが「足りないな」と思っている部分を、あなたはすでに持っていて、知らないうちに補ってあげているのです。

そして「結婚する」とは、そんなふうに二人そろって、一つのパズルを完成させるような〝統合作業〟をしていくこと。

お互いが「足りないな」と思っているところを、お互いがパカッと埋め合っていくこと。だから自分は半人前で、パートナーと一緒にいて初めて一人前だと思ってみてください。

そんなふうに僕は考えています。今、結婚している人は、そんなイメージで相手のことを眺めてみると、相手にうっかり感謝したくなりませんか。

✳この〝不思議な引力〟には逆らえない!?

次に、「悪い知らせ」です。

実は、自分が一番「足りないな、イヤだな」と思うところもまた、パートナーが目の前に持ってきて、まざまざと見せつけてくれるのです。


たとえば、僕はとても忘れっぽいのですが、奥さんもすごく忘れっぽいのです。僕はとても頑固な性格だけど、奥さんもめちゃくちゃ頑固です。

「自分のこういうところがイヤなんだよなあ。本当、どうにか直せないかなあ」と思っているところを、彼女はモロに目の前に突きつけてくれます（笑）。

つまり、パートナーとはよくも悪くも〝**似た者同士**〟なところが、絶対にあるわけです。

そしてそれも、絶対に外せない大事なピースの一つなのです。


「自分に欠けているところ」

「似た者同士なところ」

この二つを相手に見つけたとき、僕たちはその相手に惹かれてしまう。そして目に見えない〝不思議な引力〟のようなものが働いて、一緒にいることを選ぶのかもしれません。

結婚している人で、これがもし当たっているとしたら、おめでとうございます。「自分たちはベスト・カップルなのだ」と思ってください。

たとえ、「あの人とは性格が合わない」「まったく信じられない」と思ってしまう場面があったとしても、です。

それ以上、お互いのパズルのピースがパチッと合う人はいないと思ってください。

きっと、見えるところでも、見えない部分でも、変化が起きるはずです。

面白いよ～。

9 結婚生活でストレスをためないためのキーワード

心屋がやっている「Beトレ」という会員制セミナーで、以前アンケートをとったところ、参加者のうち、半分から三分の二くらいが結婚している人、結婚していたことがある人でした。

僕自身は、二回、結婚をしています。

一回目の結婚をして、離婚して、二回目に踏み切るとき、すごく面倒くさいと感じている自分がいました。

そして踏み切らずにグチグチしていたら、今の奥さんからものすごく文句を言われました。

そして「今度は失敗しないぞ」と思って結婚したものの、なぜか一回目と同じ

「壁」にぶつかったり、似たようなパターンを繰り返したりしそうになりました。

幸いなことに、心理カウンセラーをしていなかった頃にはなかった「気づき」もあり、また「考え方」や「視点」が以前とは変わったことで、その「壁」をなんとか乗り越えて現在に至っているわけです。


一回目と二回目の結婚で、何が一番変わったのか。それは、

「相手をどこまで受け容れられるか」

その度合いです。

これが、あらゆる人間関係、特に**結婚生活でストレスをためないための大切なキーワード**になります。


結婚生活は、まったく違う国の出身者同士が、一緒に暮らすようなものです。

文化が違う。言葉も違う。考え方も違う。生き方も習慣も全部違う。

しかも、「男」と「女」で性別が違う。もう、まったく別の生き物、異星人と

言っていいくらい違っている（笑）。

そして、その後ろには、それぞれの家族がくっついています。

そんな二人が、同じ屋根の下で一緒に暮らしていこうという、壮大な取り組みなわけです。

いわば、結婚とは国と国との合併みたいなものかもしれません。

だから、「これが違う」「あそこも違う」と言いながら反発し合っている間は、絶対にうまくいきません。

かといって、自分を押し殺して相手の何もかもを受け容れようとしていたら、後で苦しくなります。


ですから、最初は〝文化の擦《す》り合わせ〟ということで、ガシャガシャするのは仕方がないこと。

そして、「ああでもない、こうでもない」とやり合いながら、互いの受け容れられない部分を、一つひとつ「理解」していく。それが「受け容れる」。

そういうことを、僕もこれまでの結婚生活でずっとやってきたなという実感があります。
そんな**「違いを受け容れる」覚悟**が、パートナーシップを築いていくときには必ず必要です。

✳自分と相手の「違い」を許す勇気

結婚をするときには、「誓いの言葉」を交わすことがあります。

「病めるときも、健やかなるときも……」

「これからは喜びは二倍に、悲しみは半分に」

というのは、よく言われるフレーズですね。

喜びを分かち合うのは幸せなことだし、悩みません。

でも、悲しみ・苦しみを分かち合うのは、ちょっと怖いでしょう。

自分の悲しみまで、相手に背負わせたくない。苦しんでいるところを見せたくない。

大切な人だからこそ、「迷惑をかけたくない」と思うのが普通です。

でも、楽しい部分を分かち合うだけなら、友達とだってできます。

「一緒に人生を歩く」とは、その道のりで必ず生じる**悲しみや迷いや困難を、相手と共有する**ということなのです。

そこで、

「相手に負担をかけてもいい、迷惑をかけてもいい」

「自分が負担をかけられてもいい、迷惑をかけられてもいい」

と思う勇気を持つことです。

「相手を受け容れる」のは、しんどいこと。

「自分を受け容れてもらう」のも、勇気がいること。

それは「違いを許す」ということなのです。

僕は四十歳を過ぎてからやっと、それを受け容れられる「大人」に、ちょっとだけなれたかなという実感があります。

10

「どうして、わかってくれないの？」の乗り越え方

パートナーシップに限らず、すべての人間関係に言えることですが、お互いが相手を受け容れずにがんばっていると、どちらかが折れるまで、エンドレスな言い合いに突入していきます。

そんな二人をずっと観察していると、実は、両者はずっと「同じこと」を言っているのがわかります。

何を言っているかというと、

「なんで、わからないの？」

「どうして、わかってくれないの？」

ということを、手をかえ品をかえ、表現を変えて、延々と言い合いをしている

だけなのです。

＊どんな言葉も「ひとまず受け取る」

そこでこちらが、相手の言っている理不尽な話、わけのわからない話、理解できない話を、

「あれは、相手が言いたいことを勝手に言っているんだ」

と思いながら聞いていると、目の前の相手はいつまでも、ただのわけのわからない人のままです。

でも、そんな相手の言葉を、**「あれは自分が言っているんだ」**と思いながら聞いてみたらどうでしょう。

「あんなこと言っている、こんなこと言っている。でもそれは〝私自身の本心〟でもあるんだ。ええ!? 自分はあんなふうに思っていたの？」

と考えながら、受け取ってみるのです。

これは、パートナーだけに限ることではありません。親でも、友達でも、上司でも、部下でも同じです。

自分の身の周りの人が言ったことで、自分が理解できなかったセリフ、うまく飲み込めなかった言い分を、

「あれは、自分が思っていることが、誰かのセリフになって返ってきているんだ」

と思いながら聞いてみてほしいのです。

相手は、自分の鏡なのです。

僕はそう考えるようになってから、自分の本心がだいぶわかるようになってきました。

そういう意味では、ダンナさんや奥さんとモメたり、ケンカしたりしたときは、自分の本心を知るための、すごいチャンスなのです。

なぜなら、ダンナさんや奥さんは、同じ家の中にいるので絶対に顔を合わせるし、他人だったらイヤな人とはつき合わなければいいけれど、家族からは逃げられません（笑）。

「自分自身の本心と向き合う」つもりで、パートナーと向き合うと、すごく大きな「気づき」が待っています。

11 「ほっといてあげる」のも愛情

ブログやSNSをやっていると、僕の投稿を読んで、「自分が攻撃された、侮辱された」と勝手に感じた人から、攻撃的なメールが送られてきたり、否定的なコメントをもらったりすることがあります。

ブログは読者が七万人近く、フェイスブックのフォロワーも五万人を超えていますから、色んな人が絡《から》んでくるわけです。

「ほっとけばいいのに」とも言われます。

でも、僕もまだまだ人間ができていないので、「まぁ、いいよ」と口では言いつつも、攻撃されると腹が立つし、誤解されるとやはり悲しい。

そこで救われるのが、うちの奥さんの存在です。

僕がそんなふうに怒っていたり悲しんでいたりしても、何も言わずに、それこそ、

「相手にしなきゃいいのに」

「もう、やめときな」

なんてことも言わずに、ただ、そこにいて、ただ、笑っていてくれます。

怒ってる僕を見て、笑ってる。

そう、**「怒らせてくれる」**のです。

＊「感情の火」を無理に消そうとするから、くすぶる

自分の身近な人が怒っていたり、悲しんでいたりすると、「それを見ている自分」まで悲しくなったり腹が立ったりすることがあります。

すると、「悲しまないで、怒らないで」と止めたくなる。

この時点で、相手の問題を「自分の問題」にしてしまっているのです。その、怒ったり悲しんだりしている姿を「自分が」見たくないのです。

すると、止められたほうは、ちゃんと悲しめず、ちゃんと怒れなくて、火種だけがずっと残ってしまうことになります。

うちの奥さんも、ときに僕に対してブリブリ怒ります。

で、かつての僕は「そんなに怒らないで」「どうか機嫌直して」と働きかけていましたが、そのときに奥さんが言いました。

「私は、怒っちゃいけないの?」

ちゃんと、怒らせてあげる。ちゃんと、悲しませてあげる。

そこに「こうすればいいのよ」「やめようよ」というアドバイスは、いらないのです。

我が家の夫婦ゲンカのときでも、多くの場合、僕が〝勝手に〟怒っています。

で、僕の奥さんは、「ほっといて」くれる。

言い方を変えると「怒らせてくれる」のです。

本人は、

「どうしたらいいかわからないので、放置」

と言っています（笑）。

昔の僕は「こっちが怒っているのに、何も言ってこない」と奥さんにさらに怒っていましたが、「腹が立つときは、勝手に自分が腹を立てているのだ」と気づいてからは、僕も勝手に怒っています。

怒り終わったら、つまり燃やし尽くしたら、勝手に怒りは消えます。

途中で無理に止めようとするから、くすぶるのです。

だから、パートナーに何も働きかけずに、〝ほっておく〟。

ただ、一緒にいるだけでいい。黙ってそこにいるだけでいいんです。

＊「ちゃんと感じる」権利を使おう

あの人にも、悲しむ権利がある。あの人にも、怒る権利がある。
あの人にも、笑う権利がある。あの人にも、楽しむ権利がある。
そして、私にも、当然、ある。
怒る権利、悲しむ権利、笑う権利。
あの人にも、あなたにも、あるんです。
その権利、使っていいんです。
止めなくていいんです。ガマンしなくていいんです。

ある日の僕と奥さんなんて、ディナーショーに行ったときにケンカになって、怒った奥さんが途中で帰っちゃったことがありました。

で、僕はというと、そのままディナーショーを楽しみました。

それを知ったある仲よし夫婦は「信じられない！」と言っていましたが、うちはそうやって**「ちゃんと感じる」**をやるんです。

一人で楽しんで家に帰ったら、燃え終わって普通になった奥さんがいました。

追いかけていって、ドラマしなくてよかった（笑）。


ガマンしない。感情を止めない。いいことも悪いことも、感じきる。

怒りや悲しみを「問題視」するのではなく「ひとつの感情」として受け止める。

「マイナス」を、無理に「プラス」に転換しようとしない。

マイナスをマイナスのまま、受け止めるということです。

マイナスがここにある限り、どこかに「同じ量のプラス」があるのです。

マイナスを受け取れば、それもちゃんとやってくるんです。

12
「愛されていない劇場」に出るのはやめよう

セミナーで、こんな質問をいただきました。

「五年前から主人に名前すら呼んでもらえず、私が家にいると一緒にいたくないらしくて、すぐに外出されてしまいます。

こんな暮らしで、どうやって幸せになれるのでしょうか。どうやって『どうせ愛されてるし』と思えばいいのでしょうか。

私の執着のみで、主人と一緒にいていいのでしょうか？　それでも離婚されていないから、愛されていると解釈するのですか？」

心屋は、いつも言っています。

「愛されている証拠がないから愛されていない」

のではなくて、

「愛されていると思うことで、なんか知らんけど証拠が後からやってくる」

って。

人の愛情表現なんて人の数だけあるもの。「自分が思う愛情表現」と「あの人がしているつもりの愛情表現」も違います。

だから、愛情に、気づかないだけ。

もしかしたら、この人も、ダンナさんの愛情表現に気づかずに、「愛情をもらっていない」と思っていたのが、今の状況の始まりかもしれませんね。

1 「自分は愛される価値がない」

2 「愛されてなさげな証拠を見る」

3 「やっぱり愛されていない自分」を確認

4 1に戻る。3が大きくなる

この繰り返し。
だから、こういうときにはもはや、「夫」は関係ないのです。
夫は、私が主役の「『愛されていない私』劇場」の助演男優です。
私を、「愛されていない劇場」の「主役」に抜擢《ばってき》したのは、自分自身です。
そして「そういう生き方」を自分がいつから始めたのか、それを見るために、
夫が熱演をしてくれているのです。
夫には、「助演男優賞」をあげましょう。
「愛されていない」という人生最大の誤解に気づくための、きっかけをつくって
くれた夫の涙ぐましい努力に、賞をあげたいほどです。

✳大前提は「そもそも、愛されている」

パートナーに「愛されていないのではないか」と、不安を感じている人へ。
あなたは今の状態でも、愛されています。

今の状態のあなたを、あなたが愛していないだけなのです。
そんな自分のこと、あなたは愛してる？
そんな自分でも、愛される価値はあると思ってる？
もし、「思ってない」、もしくは「思えない」なら「そちらが問題」です。

「そもそも愛されて生まれてきた」のに、小さな頃に「そもそも愛されていない」という大前提に、勝手に脚本を書き換えてしまったのです。
心屋の「どうせ愛されてるし」は、この人から、あの人から、夫から、妻から愛されているかどうか、というちっちゃな話ではなくて、**「そもそも」愛されている**、という**大前提**の話です。

「こんな暮らしで、どうやって幸せになれるのか」
ではなくて、まずは、
「そうか、これでも、幸せなんだ」

「そうか、これが、幸せなんだ」

からスタートです。

13
不倫は「いい・悪い」ではない

「不倫はいいんですか、悪いんですか」
という質問を受けることがあります。

誰かのパートナーを奪うこと。それをされて気持ちがいいか、悪いかといったら、された側は気持ちが悪いに決まっています。

だから、法律でも「これは悪いことにしましょう」と制限されています。

相手にイヤな思いをさせてもいいと思う人なら、僕は別にしても構わないと思います。法律で裁かれてしまってもいい人なら、どうぞ不倫してください。

「この世の仕組み」として、不倫をして他人のものを奪った人は、どこかで誰かに同じように奪われて終わりです。

それでもいいという人は、どんどんやればいいんじゃないのかなと思います。

そういう意味では、結婚というのは、

「このパートナーと『奪う・奪われる』をしません」

という、お互いとの約束であり、自分との約束でもあるわけです。

特に一夫多妻制ではない日本という国において、結婚するということは、

「この人、一人に決めます」

という宣言です。

「もう他の人とは、そんなことはしません」

という宣言です。

＊「正しさ」を盾にとらない

ただ、不倫を〝された側〟の人に知っておいてほしいことがあります。それは、

「不倫は、悪いことではない」

ということです。

もう一度、言います。不倫は「悪い」ことではない。

ただし、**「不倫をされた側は悲しいことである」**ということもまた伝えたい。


この「悲しみ」を、「正しさ」を盾にとって、「罰を与えたい」「裁きを与えたい」「謝らせたい」という考えに落ちていくと、相手を「責め」続けることになります。

責められた相手は、罪悪感を感じるか、開き直るかです。

どちらにとっても、なんのいい結果も生みません。

もし〝された側〟の立場なら、「不倫」がどうしてイヤだと感じるのか、に目を向けてほしいのです。きっと、

「私のものを奪われた」

「私をないがしろにされた」

ということが、本当につらくてイヤで悲しいわけですよね。

けれど多くの人は、

「奪った女が悪い」

「私がいるのに、私のものなのに、他の女のところに行った夫が悪い」

という怒りに変換させて、糾弾《きゅうだん》してしまっています。

本当は、

「大事にされなかった」

「一番にしてくれなかった」

「愛が減った」

から「つらい」「悲しい」ということが問題なのです。

それなのに、「正しさ」を持ち出して、不倫したパートナーを「あなたは反省しなさい、罪を感じなさい」と責める。実はあなたがパートナーと自分を「大事に」「一番に」「愛を与えて」いなかったかもしれないのに。

そうされると相手は、「一番大事にしていた」「何より愛していた」としても、「つい出来心で」という部分があったとしても、その初犯を徹底的に弾劾《だんがい》されると、開き直ります。

「じゃあ、お前はこれまでどうだったんだ！」という反撃に出てくるでしょう。

＊「ものわかりのいいフリ」をしなくていい

「じゃあ、何？　許せというの？」

「じゃあ、何？　私が悪いというの？」

と感じるでしょうが、そこは、

「本当に大事にされていなかったのだろうか」

「本当に愛情が減ったのだろうか」

「私は、愛情をちゃんと与えていただろうか。相手の愛情をちゃんと受け取っていただろうか」

と、〝気づくチャンス〟でもあるということ。

だからといって、「大反省会」はしなくていいのです。振り返るだけでいい。許さなくてもいいのです。自分を責める必要もないのです。

そうしながら、ぜひ「被害者」から抜け出してください。

相手が「間違ったことをした」と決めてしまうと、自分は「被害を受けた」ということが、固定されてしまいます。

「正しくない」「間違っている」ではなく、「私の心が悲しいと感じた」、この

「感じた」に注目してください。

もちろん泣いて、わめいて、キレて、悲しんで、ふさぎ込んでいいのです。平気なふり、ものわかりのいいふりなんて、しなくていいのです。

その後に「自分が感じたこと」に一度向き合ってみてください。

そして「正しい思考」から自力で抜け出してきてください。

その上でちゃんと、自分の「気持ち」をパートナーに伝える。

「私は悲しかった」

「私はつらかった」

「私は苦しかった」

と。

そして、それを伝えても相手が反応しない、変わらない。

そんなときは、自分がスッキリすることを選べばいいのです。

ガマンしてもいいし、なかったことにしてもいいし、別れてもいい。

そんな「自分はどうしたいか」に、ちゃんと向き合ってみてくださいね。

すべて「相手が」ではなく、**「自分がどうしたいか」を問いかけられているの**です。


不倫されるって、つらいこと。

裏切られた、だまされた、捨てられた、奪われた——色んな感情が湧く。

そんな「悲しい」「つらい」「大事にされていないと感じる」「捨てられるから怖い」という「本心」を、「あなたが悪い」「不倫するものが悪い」という糾弾にすり替えた瞬間に、事態が終わらなくなるのです。


「正しい合戦」をしていても、泥沼からは抜けられません。

不倫は「悪く」ない。

ただ、不倫をされた側は傷つき、苦しく、悲しいこと。

14

がんばらなくても「豊かさ」が流れ込んでくる法

以前の心屋はずっと、「家庭より仕事優先」で生きていました。

朝早くから夜遅くまでがむしゃらに働いて、お給料を稼ぐ。そのお給料で家族が生活できるのだから、それが最も家族のためになることだと、ずっと信じていました。

で、そんな日々のブレーカーが落ちてから、初めて気づきました。

「逆」だったんだ、と。

そして、勇気を出して、**「仕事より家庭優先」**にすることを決めたんです。

家庭が大変なら、家族との時間がとれないなら、仕事を、捨てる。

立場を捨てる、収入を捨てる、と。

それが「自分を大切にすること」でもあると、初めて気づいたんです。

✳“最大のタブー”に挑戦してみたら……

そして、「家庭優先」を貫くことで、お客さんの要望を断ったこともあったし、他人にいっぱい迷惑をかけました。

それは今までの僕が、絶対にやってはいけないと思っていた**「タブー」**でした。

でも、自分と家族を犠牲にしてまで大切な他人、大切な仕事、大切なお客さんなんて、ないんです。

だから、他人に迷惑をかけると決めました。

「自分と家族が喜ぶことだけする」

と決めたんです。

その結果、たくさんの本が出て、テレビにも出させていただいて、講演にもたくさんの方に来ていただけて、仕事がどんどん認められるようになりました。

「なんだ、『逆』だったんだ」

と本当に実感しています。

それ以来、

「家内安全第一」

という言葉を、心屋の「人生の標語」として、心に掲げています。

＊自分の世界が「逆」に回り始める快感

こんな質問をいただきました。

「仕事より家庭を優先する、とはどうすればいいんですか？

私は毎日働いて、帰ってくると疲れて、家族の手伝いをするよりも休みたいので何もしません。休みの日まで疲れることはしたくないので、ゴロゴロして休んです。家族サービスをしようってことですか？
家族からは、あれして、これしてと注文されているのですが、毎日断っていると、冷たいかな？　とか、いや私は悪くない！　と思って、悩んでいます」

この方の気持ちは、よくわかります。
僕もずっと〝その世界〟にいましたから。しんどいですよね。

では、お答えします。
まずは、**「疲れてくたくたになるまで働かない」**ことです。
くたくただからこそ、家族の要望を聞けないわけですよね。
そのスタートがすでに間違っているわけです。

「家族サービス」なんていうのも、そもそもヘンな言葉なのです。
家族にサービスなんて、しなくていいのです。自分を犠牲にしなくていいのです。

「自分も家族も楽しいもの」、それを探してみてください。

そして、**家族が合意の上で楽しめるものを楽しみ、何よりも最優先する**こと。

そう、仕事を断ってでも。

それが「家内安全第一」です。

そうすることで、「そんなこと、絶対に無理です」という今までの概念の逆をすることで、自分の周りが、世の中が、逆に回り始めるんです。

✳お金の世界も「思考」が先、「現実」が後

「そんなの、常識で考えてありえない‼」

「くたくたになるまで働かないと、お金が稼げません。生きていけないんです！」

と思われるかもしれません。

これも、世の中の「常識」にだまされています。

「お金＝労働の対価」「お金＝役に立った対価」だと思っている。そこに罠《わな》があるのです。

小さい頃にそう教えられたし、社会人になってからも、そうたたみかけられたし、「誰に食わせてもらってると思ってるんだ」なんて言われてきました。

そうやって「お金、愛情、豊かさ＝がんばった対価、役に立った対価」だと、思い込んでしまった。

だから、「くたくたになるまでがんばらないと、お金はもらえない」という罠に完全にはまってしまっています。

実は、お金持ちは、くたくたになるまで働いていません。

くたくたになるまで働いたからお金持ちになったのではなく、くたくたになるまで働くのをやめたから、お金持ちになっているのです。「思考」が違うのです。

本当のお金持ちは、

「自分が役に立とうが、自分が何をしようがしまいが、自分という存在は豊かさ

を受け取る価値がある」

と知っているのです。

そして、それを知るには「くたくたになるまで働かない」という、お金持ちの行動を〝先に〟してみるしかないのです。

そうすると「働いた分以上の豊かさ」「労働とは関係のないところからの収入」なんていう、「今まで考えたこともなかったところからの収入」が入ってくるようになるのです。

今、僕の周りの人は、どんどん豊かになっています。それは、みんな、この考え方に変えたからです。

必要なのは「勇気」だけですよ。

その勇気が出せないから、**「がんばって働く」**ことに**「逃げている」**だけなのです。

3
章

人生から「問題」が消えていく話

……「子育て」の悩みから
あぶり出される真実

15 どんな悩みも「根っこ」は一緒

僕が出演していたテレビ番組でも、「子育て」がテーマの回は、ものすごくエキサイトしていました。

小さいお子さんの親として奮闘している方、長年親をやってきた方、色んな考えの人がそれぞれに主張して、大激論になります。

心屋のセミナーでも、子育ての悩みに関して質問を受けることがあります。でも、その悩みをカウンセラーという立場から解決するのは、とても簡単です。

なぜなら、**子育てで悩んでいる人は、「本当のところ、子育てで悩んでいるわけではない」**からです。

問題は「別のところ」にあるのです。

これは、どんな悩みでもまったく同じです。たとえばお金がない、仕事や恋愛がうまくいかない、結婚できない、離婚しようか迷っている——など、**どんな悩みでも「根っこにあるものは一緒」**。

悩みとして現われるカテゴリーとして「子育て」があるだけです。

その〝根っこ〟について、この章では子育てというカテゴリーから、考えていきたいと思います。

✳「愛される自信」のあるなし——これは大きいよ

以前、出演したテレビ番組で、四人の女性がゲストの回がありました。

その四人が対照的で、子育てに悩んでいる二人組と、悩んでいない二人組になっていました。

その様子を見ていると、子育てで「悩んでいる人」と「悩んでいない人」の違いが明らかなのです。

それは **〝愛される自信〟のあるなしの違い**です。

親自身が自分のことをどのように思っているかによって、〝子育てのスタイル〟がまったく変わってしまうのです。

たとえば、「悩んでいない組」の女性タレントさんは、心の底から「自分は愛されている」と信じています。一方、子育てに悩んでいる人は、それを信じ切れていません。

「自分が愛されている」ということを信じ切れている親は、子どもに口を出しません。

一方、「自分が愛されている」ということを信じ切れていない親は、子どものやることなすことに、すごく口を出します。なぜ口を出すかというと、子どもを見ていると不安になるから口を出すのです。

何が不安になるのかというと、目の前にいる子どものことも当然、不安ではありますが、実はそれ以上に大きな不安が、自分自身の中にあるのです。

それが、

「この子の育ち具合によって、私が周りからどう見られるか」

という不安です。


子育てが不安な人はずっと、自分が子どもと向き合っている様子を〝周りの人〟に見られているような気持ちでいます。

周りの人から、自分の子育てはどう思われるか。

おかしくはないか。変だと思われないか。

どこか、他の人と違っているところはないか。

これで「正しい」のだろうか。

誰かに笑われないだろうか。

そんなことをずっと気にしているのです。

16

〝あの人の目〟を気にしないでも大丈夫

子育てで悩んでいる人は頭の中に、その人自身の「お母さん」を住まわせています。この「お母さん」が、耳元でずっとささやくのです。

「あなた、子どもにそんなことをしてはダメよ。まだ、こんなこともさせていないの？　そんな危ないことを子どもにさせてはいけないわよ」

実は、これが、子育ての悩みの一番の「根っこ」です。

つまり、目の前にいる子どもよりも、自分の心の中に住む〝母親〟にどう思われるかを気にして、悩む。

この仕組みがわかっていないと、子どもと、できない自分ばかりを悪者にしてしまいます。

＊「ちゃんとしなさい」の洗脳から自由になる

こういう人は子育てに限らず、結婚生活でも「お母さんの声」を気にします。残業していても、帰宅して料理をつくっているときでも、お母さんの「ちゃんとしなさい」「恥ずかしくないように」という声が、耳の内側で響いています。

「今の私は、お母さんからどう思われるんだろう」

ということをずっと気にしているから、いつまでも自分に自信が持てません。

「だって、お母さんはずっと、私に文句を言っていたから」

「お母さんが昔、私に『ああしなさい』『こうしなさい』って言ったから」

そんなずっと昔に言われた文句が、頭の中にピタッと貼りついています。それをピリピリとはがしとらないと、いつまでも「自分の子育て」ができません。

「自分の子育て」とは、親や親戚、ママ友などの〝あの人〟のことを気にしない子育てということです。

ここで、子育てに悩んでいる人に効く「魔法の言葉」を紹介します。

「親みたいになってもいい」
「お母さんみたいになってもいい」「お父さんみたいになってもいい」
「お母さんみたいな子育てをしてもいい」
「お母さんみたいにできなくてもいい」
「母に嫌われてもいい」
「母にがっかりされてもいい」

こんなセリフがすごく効くのです。
この言葉を笑って言えるようになったら、子育ての悩みはおそらく半分以上解決するのです。

✳「自然に刷り込まれること」が一番やっかい

心屋がやっているカウンセリングスクールの卒業生で、名古屋のほうで「動く瞑想」という活動をしている、あらきてつやさんのブログに、面白いことが書いてありました。

「お茶してたら、こんなことがありました。四歳くらいかなぁ。子どもが靴をはくときに、お母さんが子どもをせかすように、こんなことを言ってました。

『できないと笑われるよ』
『できないと恥ずかしいよ』

隣でお茶しながら、これが刷り込み現場だぁ、と。誰も見てへんのにー、親の都合でもの言ってぇー、こんな感じで刷り込まれてくんだぁ〜と、その現場をまのあたりにして思いました」

これが〝**脅しのしつけ**〟です。

「こんなことをしたら大変なことになるよ。

怖いことになるよ、痛いことになるよ、笑われるよ」

小さい子どもだから、それが当たり前のように刷り込まれてしまいます。

あまりにも自然に刷り込まれていくので、そもそも「それを言われて、そう思うようになったんだ」ということすら、大人になったら忘れてしまうのです。

でも、僕らの意識の底にはスーッと入っていて、やがて遠い〝お母さんの声〟となって、人生の局面、局面で聞こえてくるわけです。

僕たちは、こうした親の刷り込みから自由になって、また子どもに刷り込みをする側にもならないようにしていきたいと思うのです。

17

「その子にとっての幸せ」って、なんだろう？

世の中には、色んな子育ての理論があります。

「子どもは、あんまりほめてはいけない」という考え方もあれば、「きちんとほめて伸ばしましょう」という考え方もあります。

「あまりかわいがりすぎず、厳しくしつけるのがよい」と書いてある本もあれば、「もっと甘やかして、わかりやすく愛情を与えないといけない」と書いてある本もあります。

どの理論にも、「いかにもそうだなあ」と思える部分があるでしょう。

でも、それぞれの理論を親に実践された子どもたちが、どんなふうに成長していき、その中のどの子が一番〝いい子〟に育って、大人になって成功して、本当の幸せをつかんでいるのかなんて、誰にもわかりません。

だけど、みんな「ああしたほうがいい」「こう育てたほうがいい」と、色んなことを言います。

親は、

「私はうちの子に、こんな子になってほしい」

と思って育てるわけです。

そして、この「こんな子」というのが、一番のくせものなのです。

「私の理想通りに育ってほしい」

という思いを、子どもに押しつけているからです。


この〝私の理想〟はどこから持ってきたのかというと、自分の母親から持ってきているわけです。あの人が言っていた、

「こういう子って、いいわよね」
「あなたが、こんな子だったらよかったのに」

というささやきが、頭の中にピタッと貼りついています。これをピリピリとはがして、目の前の子どもと向き合ってほしいと思うのです。

✳ただ「そうなのね、うん」と受け止める

本当は、**怒って育てようが、叩いて育てようが、甘やかして育てようが、子どもは子どもで勝手に育ちます。**

たとえば、叩いて厳しく育てた子どもが、しっかり者に育つかもしれないし、ものすごい劣等感を持つかもしれません。

甘やかして育てた子どもが、愛情を受けてスクスクと育つかもしれないし、逆に、ものすごいマザコンのナイーブな子になるかもしれません。

「こう育てたから、間違いなくこう育つ」と、こちらの思い通りにコントロール

することなんて、できるわけないのです。

「親が何をしたから、子どもがこう育つ」というような法則はまったくないと思っていてください。

厳しく育てても、優しい子どもはできるし、べたべたに甘やかして育てても、ちゃんとした子どもはできます。

「甘やかして育てた子は、こんなふうになる」なんて絶対に決まっていません。

親がよかれと思って何をしようと、子どもは子どもの生き方で育ちます。

「かわいいね」とほめられて喜ぶ子どももいれば、「何、この人？」とにらむ子どももいます。

その子の反応を見て、こちらは「ああしよう、こうしよう」と考えるのではなく、**ただ「そうなのね、うん」と受け止めればいい**のです。

「ほめたら反発した。じゃあ、次はどうしよう？」

ではなく、

「反発したんだね」

と、その反発を受け止めてあげてください。

「あなたにとって」ではなく「その子にとって」、何がどれくらい幸せなのかは、「その子」にしかわからないのですから。たとえ「あなたにとって」不幸に見えたとしても、ね。

18 「頼る」ことを恐れない

子育てで悩むのは、ごくごく当たり前のことです。

なぜかというと、「初めてのこと」ばかりだからです。

さきほどのテレビ番組での「悩んでいない組」の女性タレントさんに、「初めてのことで、どうして悩まないの？」と聞いたら、

「だって、人に聞くから」

と言うのです。

「人に聞いても、その通りにはいかないかもしれないよ」

と聞いても、

「うん、そのときは仕方ないよね」

とあっけらかんとしています。

自分に自信のない人は、ここで人に聞けないのです。誰かに聞いてみて、

「そんな子育てしているの?」

「そんなこともできないの?」

「そんなことしちゃ、ダメだよ」

と言われたら、自分で〝勝手に〟傷つくことになるのが怖いから、聞けないのです。

子育てに悩んでいない人が、ポンポン人に聞いて、ポンポン助けてもらえるのは、「自分は助けてもらえる人間だ」ということを知っているからです。

この違いは、ものすごく大きいのです。

子育てで悩んでいる人に、知ってもらいたい大きなポイントが、ここにあります。それは、

「自分は人に悩みを話してもいい」

「自分は人に助けてもらってもいい」

ということ。これを心から思えるようになってほしいのです。

✳誰にだって「弱さ」を見せていい

こんなお悩み相談を受けました。

「うちの娘は元気がなくて、特定の病気があるわけではありませんが、一年中ずっと風邪気味です。娘から元気を引き出して、弱い体からサヨナラさせるには、私はどう変わればいいでしょうか。

私自身も、あまり丈夫ではありません。胃の調子が悪いなど体調を崩すことが多く、弱いけれども、周りには『すごく元気だよね』と言われています」

簡単です。お母さんが病弱そうにしてください。

人前であっても、しんどいときは、しんどい顔をするのです。弱っているときは弱っている顔をするのです。胃腸の調子が悪いときは「具合が悪い」と言ってください。

「どうしたの？」と子どもに心配される親になるのです。

「大丈夫？」と聞かれてください。

「今日、お腹痛いの」「今日、遊びたくないの」と子どもたちに言うのです。

✳子どもは「親の心」のバロメーター

いつも元気でやる気があって、病気ではないという顔をしているから、娘さんが「本当のお母さんはこうなんだよ」と、代わりにずっと見せてくれているだけです。

お母さんが明るいほう、元気なほうに偏っているから、娘さんは暗いほうへ傾いてバランスをとってくれています。

ちょっと休んでください。自分をネガティブにして、〝**閉じている日**〟をつくってほしいのです。

そうしたら、娘さんが元気に戻るから、それまでは〝暗いお母さん〟でいてください。

お母さんだって、暗くなっていいのです。

多くのお母さんは、これをダメなことだと思っているのです。

母親はいつでも強く、しっかりしていないといけない。

母親はどんなときも元気で、タフで、どっしり構えていないといけない。

そんなふうに思っていませんか。

それではまるで、花はずっと咲いていないといけない、つぼみではダメだと言っているようなものです。

お母さんだって、暗く沈む日があってもいいし、明るく元気な日があってもいいのです。

19 親が「抑え込んできたこと」を子どもは〝見せつけて〟くる

心屋では、

「問題を『問題だ』と言っている人に問題がある」

と、いつも言っています。

だから、「うちの子って、ちょっと問題があって……」と言っている人は、そう言っている親本人に問題がある、ということです。

そもそも、「相手に問題がある」「相手が悪い」と言っている限り、何も変わらないし、状況は好転していきません。

子育てで悩んでいる人に、「『うちの子、問題があって……』と言っていても、何も変わらないですよ」と言うと、

「やっぱり、この子をちゃんと育てられない私が悪いんだ」

「やっぱり私、子育てさえまともにできない人間なんだわ」

と、逆に自分のことを責める人も、いるかもしれません。

でも、それも「まったく違う」のです。


では、どうすればいいのか。たとえば、子どもの言動に困っているなら、その子どもが言っているセリフ、行動の様子を書き留めておいてください。

その書き留めたセリフを見て、

「私って、実はこう思っているんだな」

と知るのが、一番簡単な解決方法です。

＊自分が「根に持っていること」は何か

たとえば、子どもが、

「学校に行きたくない」

と言ってきたとします。そうしたら、

「ああ、私ってこんなに学校に行きたくなかったんだな」

子どもが、

「お母ちゃん、お母ちゃん」

と言ってすごく甘えてくるなら、

「なんで、こんなに甘えてくるのかな。あ、私はこんなに甘えたかったんだな」

と思うのです。

自分の周りにいる人たちが叫んでいる言葉は、全部、自分が抱えている言葉なのです。


子どもが、「勉強したくない、勉強したくない」とギャーギャー言っているのを見てイライラする親というのは、自分が一生懸命に勉強してきた親なのです。

そして、「本当は勉強したくなかったけれど、勉強してきた」親なのです。ということは、本当はすごく勉強したくなかったのです。

「本当は勉強したくなかったけど、ガマンしてやってきたんだから、お前もガマンしろ」なのです。


子どもが叫んでいることは、小さい頃の自分が「本当にやりたかったこと」と「イヤだったこと」です。

でも、環境的に、もしくはお金に余裕がなかったので、やらせてもらえなかった。やらざるをえなかった。

それをずっと、**本当の自分が根に持っている**のです。

本当の自分が抑え込んできたことを、子どもが目の前で堂々と叫んで見せるから、腹が立って仕方がない。そういう仕組みなのです。

20

「今さら無理」はない

「子育ての秘訣を、子どもが大人になってから聞いてしまいました。うちの子どもは二十歳です。もう間に合わないのではないでしょうか」

「私はもう、とっくに子どもを傷つけちゃいました。ずいぶん甘やかしちゃいました。もう厳しくしてしまいました。どうしたらいいですか」

と、相談に来る人が結構います。


「もうすでに、こんな子に育ててしまったわ」

「こんな子ができあがってしまったわ」

こんなふうに悩んでいる方も、実は話は簡単なのです。

「こんな子に育てちゃった」

「こんなことをして、この子を傷つけちゃった」

と感じている自分がいることに、まず気づいてほしいのです。そこには「やっぱり私が間違っていたんだ、ダメなんだ」と思っている自分がいるのです。

「どうせ私がこんなヤツだから、やっぱり、こんな子育てしかできないし」

「私がダメだから、やっぱり、こんな子どもができあがっちゃったわ」

子育て中、僕らはこれを繰り返しているのです。

つまり**「やっぱり自分はダメ」って確認したいだけ**なのです。

子どもを見て「どうしよう」と思っているなら、**今から自分が変われば、子どもは変わる**のです。

〝今から〟でまったくOKです。子どもが何歳であっても、十分、間に合う。

「今までに、こんなひどいことをしてしまったけど、どうしましょう」

「何もしてやれなかった。どうしましょう」

それは、もう関係ないと思っておいてください。

今から、あなたがこれまでガマンしてきたこと、やらなかったこと、言わなかったこと、これまでの人生で避けてきたことを全部やっていけば、子どもは変わっていきます。

そう言うと、多くの親が、

「今さら無理です」

と言うのです。そう言ってしまったら、子ども〝今さら無理〟です。

親が「今から私は変われる」と思ったら、子どもも今から変われるのです。

＊「うちの子、どうしちゃったのかしら」というときは――

「この子、なんで首を右に傾けているんだろう。この子の首は曲がっているわ」

そう思うときは、その親本人の首が曲がっているのです。

子どもの首をまっすぐにしようと思ったら、自分が首をまっすぐにするのです。

つまり、こちらが先で、向こうが後です。

自分の「気持ち＝心」が先で、「現実」が後です。


現実が曲がっているのを変えようと思ったら、

「この子、首が右に傾いているな、しんどそうだわ」

と思いながら、自分の首が右に傾いていることに、まず気づく。

「あの子の首をまっすぐにしてあげたい」

と思ったときは、自分が思いきって首をまっすぐにする。

このように思っておくと、自分の心も子育ても、とてもラクになっていきます。

21

「問題視する」から問題になる

「私の子どもに、吃音《きつおん》があります。心理的な部分が大きいと言われていて、私の育て方が悪かったのだろうなと思っています。

本人に聞くと、特に悩んではいないと言います。でも、小学校の特別学級の先生には、『どもってしまうことがあるのは、ちょっと困る』と言ったそうです。困っているのに、それを私には言えないのかなと思いました」

こんな相談を受けたことがあります。このお子さんは、テニスをやっている人が、「サーブがうまく入らないんです」と言っているのと同じです。人は何をやっていても、「ちょっと困ること」「うまくいかない部分」がありませんか。

クルマを運転していてもちょっと困るし、勉強をしていてもちょっと困るときがあります。何をしていても、「一〇〇%自分の思う通りになる」ということはないでしょう。

このお子さんは、それを体現しているだけです。だから本人も「特に悩んではいない」けれど、「どもってしまうことがあるのは、ちょっと困る」と、自分の気持ちをそのまま言っているのです。

あなたも、もし、

「結婚生活には一〇〇%満足している?」

と聞かれたら、

「ちょっと困っていることもある」

と言うでしょう。それを「問題視」しなくていいのです。

吃音を治すには、すごく簡単な方法があります。わざと、どもってしゃべらせるのです。

巷《ちまた》では「ゆっくりしゃべりましょう」とか、「一音一音落ち着いてしゃべりましょう」という指導になると思います。つまり「それはダメだから治しましょう」ですよね。

そうではなくて、吃音の人には、わざと、どもらせるのです。すると、言葉に詰まらなくなります。

子どもがどもっていたら、見ているほうは「今どもっているよ」と心配します。そうやって心配そうな目で見ることで、ますます、どもらせるのです。だから、

「どんどん、どもれ」

「いくらでも、どもっていいし、徹底的にどもれ」

と言ってあげてください。すると、自然にどもらなくなります。

最後には、「お母さんのせいで、どもれないようになってしまったじゃないか（笑）」と言うでしょう。「こんな完璧な自分が、どもることでバランスをとっていたのに」と怒られるかもしれません。

＊〝避けたいところ〟に「答え」がある

繰り返しますが、問題を「問題視」している自分が、一番問題なのです。

かといって、「もう問題として見るのをやめよう」と思っても、どうしても問題として見てしまうことがあるかもしれません。

そういうときは、真正面からしっかり問題として見てください。

オバケ屋敷に入って「オバケ怖い、オバケ怖い、あちらを見ないようにしよう」としているから、反対側からオバケが出てきて、びっくりするのです。

「よし、オバケを見るぞ」とじっと見ていたら、その正体が「隣のおじさんだ」とわかって、怖くなくなります。

吃音も「どもる」と決めたら、治ったりします。

一番避けたいところに、全部「答え」があります。

そこを徹底的に見つめる、というのも正攻法なのです。

4
章

「気にしない」ほうがうまくいく話

……それ、全部「気のせい」かもよ

22

「後ろめたい気持ち」の正体

あなたが周囲に対して「なんだか悪いな」「これをしておいたほうがいいな」「ここは本当のことを言ったらダメだな」など、**「悪いな」「後ろめたいな」**と感じるのは、どんなときでしょうか。

たとえば、
ダンナさんが汗水たらして働いて稼いでくれたお金で、友達とランチを食べた。
しかも、結構値段の張る、いいレストランで食べてきた。
行きたくない飲み会を、嘘をついて断った。
自分がおならをしたのに、人のせいにした。

あまり面白くないのに、お世辞で「面白いですね」と言った。

ホテルの部屋を少しも片付けずに、グシャグシャにしたまま出てきた。

せっかくつくってもらったご飯を、食べきれずに残した。

あの人を助けられなかった。あの人のことを助けられたかもしれないのに、ちょっと見捨ててしまった。

親の期待に応えてあげられなかった。

実は、浮気をしている。

子どもを堕ろしたことがあるのを、隠している。

過去にものすごい犯罪を犯したことがある。ものすごくなくても、犯罪スレスレのことをしたことがある。


あなたが「後ろめたい感じ」を覚えているのは、どんなことでしょうか。

たとえば、「あの人の結婚式、行きたいな」と思うのか、「行っておいたほうがいいよな」と思うのか。

「行っておいたほうがいいよな」と思うのは、どこかに罪悪感がちょろっと混じっています。「行かないと言ってしまったら、なんだか悪いな」みたいな感覚です。

罪悪感については、『聖書』にすでに書いてあります。

アダムとエヴァが、リンゴという知恵の実を食べたときから、「罰」と同時に「罪悪感」が生まれたという話です。

僕はこの「罪悪感」というものが、あらゆる問題や悩みのすべてのスタートではないかと思ったのです。

＊あなたの「バレたら困ること」って何？

「罪悪感」とは別の言い方をすれば、「自分は罪を犯している！」と**自分を責めているということなのです。**

つまり、「私のここがダメなんだ」「私のここは正しくないんだ」「私のここは間違っているんだ」というのが罪悪感です。

あなたは、自分という人間のどういう部分を責めているでしょうか。

他の人と自分を比べて、どんなところが自分には足りない（罪）と思って責めているのでしょうか。

自分のことを、どんな罪なヤツだと責めていますか。

自分がどんなヤツなのが周囲にバレるのが怖くて、必死にがんばっているのでしょうか。

つまり、僕らが愛情やお金や能力といった〝足りないもの〟を手に入れようと何かをがんばっているときというのは、もしかしたら、周囲にバレてほしくない何かを隠そうとしているときなのかもしれません。

その部分を誰も責めていないのに、自分自身だけが責めている状態です。

誰も責めていないのに、誰もそんなことを言っていないのに、自分はそう言われて責められているような「気」がしているのです。

つまり、**問題というのは「気」のせい**なのです。

あなたは、どの部分を他人から責められているような「気」がするから、がんばっているのでしょうか。

23

「都合の悪いこと」はあっけらかんと見せればいい

ある本屋さんと仲よくしていて、小さなお店なのに、そこでは僕のサインを飾ってくれたり、写真を飾ってくれたりと、僕の本専用のコーナーやワゴンをつくってくれていました。

先日、その本屋さんに行ったら、僕専用コーナーがなくなっていました。

僕としては「ずっと置いてもらっていて、悪いな」という気がしていたのですが、「漫画雑誌を買おう」と思ってレジに行ったら、いつもの顔なじみの店員さんがいました。

「じゃあ、これお願いします」

と言いながら漫画雑誌を渡すと、店員さんは焦《あせ》った顔で、

「いや、そうじゃないんです」

と言いました。「そうではない」って、何がそうではないのか（笑）。僕は何も言っていません。

「いろいろと事情があるので」

「わかります（笑）」


この店員さんは僕に「責められる」と、どこかで感じてしまったのかもしれません。

今までサインをしたり、サインをしている様子を写真に撮ってもらったり、いろいろなことで協力し合ってきました。

それを、ある日黙って撤去したから、なんとなく後ろめたいような罪悪感があったのでしょう（というか、いちいち許可を求めたりしませんよね）。

＊〝ムキになってしまう〟のは、なぜ？

このときは、ただの笑い話で終わりました。でも、**「後ろめたさ」を正当化するために、〝怒り〟に変える**人もいます。

たとえば、さっきの店員さんの状況に立たされて、

「仕方ないんですよ！」

と、急に怒りだしたりする人も中にはいるでしょう。すると、「いや、こちらは何も言ってないですよ」みたいな感じになります。

「これだけの売り場しかないからね、この本ばかりずっと置いておくわけにはいかないんですよ」

と、相手に「責められている」と勝手に感じて、後ろめたさを刺激されて、怒ってしまうわけです。

つまり、僕らが怒るときは、裏側に何かを隠しているのです。

何かを知られたくない、何か図星を指された、何か都合が悪い。

怒るときは、その裏側に、「他の人に気づかれるとまずい」という思いがくっついているわけです。


少しイヤな話です。

最近、自分が怒ったことを思い出しながら、「何が都合が悪かったのか」「何をムキになって正当化しようとしていたのか」を考えてみてください。

自分は何に触れられたくなくて、何をダメなことだと一生懸命に自分を責めていたのか。

自分の心が大きく揺れ動いたところを思い出しながら、人生をひも解いてみてください。


心の奥に後ろめたい思いが貼りついていて、それは正しくないことだと、どこかで自分が自分を責めていると、何かのきっかけで正当化するための「怒り」がポンッと出てきます。

自分が自分を責めているから、他人も自分のことを責めているのではないか、と思ってしまう。

「怒り」は被害妄想から生まれることもあるのです。

＊「いい人」ぶりっこは、やめる

自分を〝正当化〟し始めると、どんどん話がややこしくなります。

「私、間違っていないもん。私、正しいもん」

と言って、いい人ぶろうとします。

「自分は正しいのに、こんな目に遭うのよ」と、被害者ぶろうとします。

「加害者か被害者か、どっちなんだ、お前?」という状態になります。

自分が「被害者」ぶろうとすると、周りに「加害者」をつくり出すことになります。自分が〝正義の味方〟ぶるから、ショッカーが集まってくるのです。怪獣がいてくれなかったら、地球の街を歩くウルトラマンは、ただの巨大で迷惑な宇宙人です。

「いい人でいよう」「自分が正しくいよう」と思ったら、周囲に悪者が必要になるわけです。

「いい人でいよう」とすればするほど、周りに悪者が製造されていくわけです。周りにしてみたら、いい迷惑なのです。

責められているような気になると、「仕方がないだろう」と、自分を正当化し始めます。相手に「別に、責めていないからね」と言われても、どこか責められている気になるわけです。

本当は、**自分が自分のことを責めている**のです。

24

「だらしなくてダメな自分」も上等だ

後ろめたい自分、隠しておきたい自分、役に立てない自分、だらしない自分。

そういう自分がいることは、自分しか知らない。だから隠したい。

でも、そんな自分も間違いなく〝自分自身〟の一部であることを、確認したくなることがあります。

「こんなの、自分じゃないよ」と排除したい部分も、間違いなく自分自身だと知っているから、最終的に受け容れたいのです。

分裂している〝自分の一部〟を取り戻して、よい面も悪い面も兼ね備えた「完全な私」に戻りたいわけです。

そして、「後ろめたい自分も、自分の一部分である」ことを確認するために何をするのかというと、**わざわざ悪いことをする**のです。

つまり、自分の中に「人には言えない部分」があることを覚えていたいがために、わざわざ「いけない」と言われることをするわけです。


わざと、ひどいことを言って人を傷つけてみる。

わざと、嘘をついてみる。

わざわざ、不倫をしてみる。

わざわざ、どうでもいいところでミスをして、「できない自分」「迷惑をかける自分」を確認する。

食べたらダメだと思いながら、わざと甘いものを食べすぎる。


こんな感じで、わざわざ自分の中の排除したい部分を確かめにいくわけです。

＊謙虚なふりをして、実は傲慢《ごうまん》な人

そんなふうに、わざわざ自分で問題行動を起こして、わざわざ正しくないことをやってしまった後に、

「やっぱり私はダメな人間なんだ」

「やっぱり私はこんなことをしてしまう人間なんだ」

と言って、自分の〝罪〟を〝責め〟て、〝罰し〟て、安心したいという、不思議な心理が働きます。

そしてこれが行くところまで行くと、

「やっぱり私がいると、人が不幸になるんだ」

「やっぱり私のせいで、あの人が苦しんだ」

「やっぱり私のせいで、あの人が傷ついた」

と言うようになるのです。

ですが、「私のせいで、こうなったのよ」と言う人のことを、何と言うか。

「傲慢」と言うのです。


自分はどれだけ影響力が強いのか、という話です。

「私がいるから、みんな不幸になるのよ」

「私のせいで、こうなったのよ」

と、まるで加害者の顔をして言っている人は、

「私ってこんなに影響力があるのよ」

と、周りにアピールしているイヤなヤツです。


以前、奥さんがインドへ行っていて、僕は東京で仕事をしている間に、飼っている猫が病気になったことがありました。

すると、「自分が家を空けると、猫が病気になる」みたいなことを、どこかで

思ってしまうわけです。

犬を飼っている人、猫を飼っている人、子どもがいる人なども、自分が楽しいことをして帰ってきたときに、

「子どもが風邪をひいていた」

「旅行に行っている間、高熱でうなされていた」

と聞かされたら、

「え？　私が楽しく遊んでいたせいで、こんなことになったんじゃないか」

と思いませんか。

でも、実際には関係がなかったりします。たぶん僕が家にいようがいまいが、奥さんがインドに行こうがアメリカに行こうが、猫は血尿を出していたでしょう。

普通に考えたらそうなのに、「自分のせいで猫が……」という考えが頭をよぎるのは、自分で自分の罪を感じたいからです。

25

ラクして幸せになっても「まあ、いいじゃないか」

僕たちが特に後ろめたい思いを抱きやすいのが、「お金」「病気」に関わることです。

たとえば、自分で商売を始めたはいいけれど、こんなサービスでお客さんにお金をもらうのは、なんだか悪い。人に手伝ってもらうのは、なんだか悪い。

ダンナを働かせて、病気がちの私は家でゴロゴロして、お尻をポリポリかいているのは悪い。

そういう〝胸に引っかかる感じ〟の抵抗感が湧いてきます。

僕は以前、セミナーをやっていて、「お金をもらってわざわざお客さんに集まってもらっているから、役に立つことを話さないと悪いな」と思っていた時期がありました。

そういうことを思っていると、どうしても仕事が苦しくなります。でも、今はあまりそう思っていません。

なぜなら、こうした抵抗感は、「自分が幸せになること」に対する、罪悪感だったと気づいたからです。

＊「なんか悪いな」の感情が教えてくれること

自分が幸せになることに、抵抗がある。
自分だけが幸せになるのに、抵抗がある。
自分が大切にされることに、抵抗がある。
自分がラクをすることに、抵抗がある。
自分を優先して、何かをほったらかすのに、抵抗がある。

こうした気持ちを言葉にすると、「なんか悪いな」「ごめんなさい」「私には似合わない」といった言葉になるのかなと思います。

「こんな私でごめんなさい」

でも、そんな罪悪感の形が変わっていくと、「優しさ」になっていくかもしれません。

そもそも、元は周囲への思いやりや優しさだった思いが、優しさがすぎて、罪悪感になっただけかもしれません。

罪悪感と優しさは、もしかしたら表裏一体なのかもしれません。

罪悪感は悪いものばかりではなく、結果的に人に対する優しさをつくり出しているとしたら、それはそれで「まあ、いいじゃないか」と思います。

26

他人を見て勝手にハラハラしない

こんな質問をいただきました。

「職場のある同僚が、色んな人から『いい加減、そういうところをどうにかしてください』と具体的なことをたびたび注意されても、あまりこたえていない感じです。少しも直そうともせず、どこ吹く風みたいな顔をしています。

そういう人は、『自分はあまり仕事ができなくて、申し訳ない』というような罪悪感が、もともと少ないのでしょうか」

この相談者の同僚の方は、理想的な心の持ち方をしている人です。

この同僚の人は、周りに指摘されていることを〝悪いこと〟だとは思っていいません。

たとえば、インド人に「どうして、日本人は牛を食べるんですか?」と怒られても、「それの何が問題なの?」と言って、食べ続けるでしょう。

「どうして食べるの? 牛は神聖な生き物なんだよ。ねえ、それはすごく悪いことなんだよ」

と怒られても、

「いや……何も悪くないでしょ。食べるでしょう。うまいっすよ」

と答えて、食べ続けるだけです。

そういう感じではないかと思います。

✳それは「あの人の問題」だ

その人はきっと、周囲に注意されていても、困っていないでしょう。

その時点で少なくとも問題を感じていないわけだから、その人にとっては、何も問題は起こっていないわけです。

もしかしたら、その人はクビにされても「はい」と言って、それさえも問題にしない可能性があります。

つまり、その人には何の問題もありません。

その人を見て不安になる、他の人たちの問題なのです。

勝手にハラハラしている人たちの問題です。


周囲の人たちは、その人を見て、どうして不安になるのでしょうか。

それは、

「周りに迷惑をかけるのは、よくないことだ」

「仕事ができないと、会社に対して悪い」

「役に立たないと、お給料をもらっちゃ悪い」

というような罪悪感が、自分の中にあるからです。

そこを刺激されるから、勝手にハラハラして、勝手に問題視しているのです。

その人を見ていて、

「あの人、大丈夫なのかなあ？　あれでいいのかなあ？」

「私も、あんなふうになってもいいのかなあ？」

と感じさせる人は、人生の「師匠」です。

自分の小さな思い込みの枠を広げてくれる師匠なのです。


見ているとハラハラさせられる人、ムカつく人がいたら、心の中で「師匠」と呼んで、あがめてみましょう。

きっと、あなたの人生が変わり始めると思います。

27 ダンナさんの「稼ぎ」をアップさせる法

「子どもが三人いるのですが、ダンスを習いたい、野球を習いたい、オーディションを受けたいなど、それぞれ私に言ってきます。

でも、それにはお金がかかるのに、私は無職で収入もありません。ダンナさんの収入は生活費で消えていって、子どもたちの習いごとにまで、お金が回りません。

子どもたちに挑戦させてあげたいのに、『私はダメな母親だな』と感じてしまいます」

こんな相談もよく受けます。

子どもにやりたいことをさせてあげられない私。母親として不甲斐ない私。

そんなことで悩んでいるお母さんは、多いかもしれません。


でも、これはこのお母さんの問題でしょうか。ダンナさんがもっと稼いでくれれば、この問題は消えます。

ダンナさんが稼いでくれれば問題は消えるけれども、ダンナさんが稼いでこないから、「私ががんばらないといけない」と思っているわけです。

その時点で、「私の問題」になっています。

私ががんばれていないから、子どもたちを楽しませてあげられない――いいえ、まったく関係がありません。


お母さんがそんなふうに思っていると、どうなるか。

お母さんが**「ダンナさんの稼ぎを抑えてしまう」**のです。

「私は無力だ、ダメな母親だ」という罪悪感をずっと持っていたいから、ダンナさんが稼いできたら困るのです。

それならば、子どもたちにこう言えばいいのです。

「お父さんにお金をもらいなさい。私に言われてもお金がないから、お父さんに言いなさい」

この言葉を繰り返していたら、きっと、**ダンナさんが稼いできてくれるようになる**でしょう。

あるいは、おばあちゃんに「子どもの習いごとのお金、出してあげてくれる？」と言ってください。きっと、おばあちゃんは喜んで出してくれます。そうしたら、このお母さんの問題は、その瞬間に終わりです。

✳「私、がんばっているもん」と開き直ってみる

このお母さんはちゃんと子育てしているし、子どものことを考えています。

自分なりにやっているけれども、自分だけの頭の中で「まだまだだ」「足りない」「能力がない」と言って、自分を責めているのです。

心のどこかで「自分は母親として、できていない人だ」と思っていませんか。「お母さん失格だ」と思っていませんか。

でも、絶対にそんなことはありません。そう思っているのは自分だけです。

ここで、魔法の言葉をお教えします。

「私、がんばっているもん」

こう言ってみてほしいと思います。

「母親、がんばっているもん」
「妻、がんばっているもん」
「嫁、がんばっているもん」
「結構、がんばっているもん」

「えらいよ、私」

「これでいいでしょう、別に」

＊「無理しない」ほうが、うまくいく

このお母さんは、そもそも優しすぎるのかもしれません。

〝いいお母さん〟は、子どもの願いを一〇〇％聞いてあげないといけない、と思っているところがあります。そんなことはありません。

子どもたちに、習いごとを「しなくていい」「無理だよ」と言ってよいのです。

今日から〝冷たいお母さん〟になって、

「あなたたち、自分でバイトしてお金をつくって、それで好きなことをして」

と宣言してもよいのです。

「ふふふ、残念だったな」と言ってみてもいい。

もしくは、

「レッスンを受けたいんだね。でも、受けられない中でちょっと考えてみよう」

という感じで話して、お母さんが責任をとる必要はないということです。

お母さんが、子どものすべての責任をとらなくてもいいのです。

子どものために、自分を責めなくてよいのです。

「もう、自分を責めるの、やめていいか」と言ってみてください。

28

「妖怪かわいそう」の退治法

こんな相談を受けました。

「母がすごく子どもっぽくて、私に甘えたがります。私はムカッとするときもあるけれど、自分を抑えて、母に甘えさせてあげています。

たとえば、母がグチや文句を言ってきたときに、私も心がしんどくて言いたいことがあるときでも、それは飲み込んで聞き役に回っています。

そこでちゃんと母の話を聞いてあげないと、『あなたが聞いてくれないから傷ついた』とか『他の人に聞いてもらわないといけない』『お姉ちゃんに聞いてもらおう』と言ったりします」

これは、密度の濃い人間関係において頻繁《ひんぱん》に出没する、**「妖怪かわいそう」**です。

こういう人は、こちらが話を聞いてあげなかったり、期待通りの対応をしなかったりすると、とても悲しそうな顔をします。お金がなかったり病気になったり、と不幸をつくり出します。

「はあ……」とため息をついたり、「この子、冷たいわ」「私が子育てを間違えたのかな」と言ったりします。

すごく**「かわいそう」に見える**のです。

そこで「親孝行」という言葉にダマされるのです。

すると、こちらは罪悪感を刺激されて、「私は冷たい娘なのかな」と思わされるわけです。

上手に**「同情」を要求**してきます。

エサをねだってくる我が家の猫と同じです。

僕が帰ってきたときに、猫がニャーニャー言ってすり寄ってくるから、「ご飯かな」と思ってご飯をあげます。奥さんが帰ってきたら「あれ、ご飯は出かける前にあげたのに」と言います。

上手にだましてくるわけです。

＊相手の「策」にまんまと乗らない

この「妖怪かわいそう」であるお母さんのグチは、もう最初から一切聞かないでよいのです。

お母さんがおねだりしてきたときに、「イヤ」と言うのです。

何を言ってきても、無視しましょう。

お母さんのことを「かわいそうだな」と思っているから、お母さんがそういう行動に出るのです。こちらが「かわいそうだな」と思うのをやめたら、そういう行動に出なくなります。

「妖怪かわいそう」になってしまった母親の娘は、一生懸命、お母さんとコミュニケーションをとろうとします。

「このエサどう？　カリカリのフードはどう？　缶詰はどう？」

まるで猫のごきげんをとろうとするみたいに、グチを聞いて心配して、一生懸命にお母さんがほしそうなエサをあげようとしているのです。

だから、お母さんはさらに、

「もっと、いいエサをおくれ。もっと同情しておくれ。もっとグチを聞いておくれ。もっと私に優しくしておくれ」

と言い出すのです。それがずっと、ぐるぐる続いているだけです。

お母さんが勝手なことをしたら、

「私が悪いことをしたかかな。歩み寄らないといけないかな」

と、こちらばかりが考えて工夫して、苦労しています。

妖怪がちょっとご飯を残したら、「体調が悪いのかな」「もうちょっと時間をかけてあげないといけないかな」といろいろ考えています。

完全に相手の「策」にはまっています。

そこできっぱりと、

「エサは、もうない。これ以上は、もう何もあげられない」

と、断固として言うのです。

✳「無視する」「甘えさせない」勇気

こちらが急にエサをあげないことにすると、「妖怪かわいそう」は、どう出てくるか。

しばらくの間は、激しく「エサをくれ」と言って襲来するでしょう。

「エサをくれ、エサをくれ。前はくれたのに、どうして何もくれないんだ。私はすごくつらい、寂しい、苦しいわ、優しくしてよ」

と激しく言ってくるけれども、それでも無視するのです。

「とても寂しいわ」と言ってきますが、それに負けないことです。

これは、こちらにとってもつらいことです。

うちのかわいい猫が「飯くれ、飯くれ」とニャーニャー言っていたら、僕も「わかった、三粒だけ」と、あげてしまうことがあるわけです。

そこで猫は、「鳴けば、少しはもらえる」と覚えるから、またしつこくニャーニャー鳴くので、

「じゃあ、三粒だけね」

とあげる。

そうやって何度も三粒だけ、三粒だけとあげていたら、積もり積もって結局〝あげすぎ〟になって、猫が布団の上でうんこをしていました。

そこから僕も、「もう、どんなに鳴いてきても絶対にあげない」と決めました。

相手に「あげない」「甘えさせない」ことは、勇気がいります。そこでやめたら、

「また、布団の上でうんこされるんじゃないか。大反乱を起こされるんじゃないか」

と心配になります。でも、あげない。

あげ続けることが、もっと大きな悲劇を生むからです。

「妖怪かわいそう」を退治する方法は、「かわいそう」と思わないこと。

「かわいそう」と思いながら、グチを聞いてあげるのをやめる。

「かわいそう」と思いながら、自分がつらいのをガマンすることをやめる。

これしかないのです。

5章

「好きなこと」だけ、やっていく話

……そのために「一番イヤなこと」を
通り越していく

29 プールで泳いでいても豪華客船はやってこない

心屋がいつも言っている、

「やりたくないことをやめて、やりたいことだけをやる」

ということ。


でも、これについてセミナーや講演でお話ししていると、

「そんなの無理です」

「社会では、やりたくないこともやらなければ、生きていけません」

「やりたいことだけをやっていたら、人として成長できないんじゃないですか」

といった反応が返ってくることがあります。

そんなふうに思われる気持ちは、よーーーくわかります。

なぜなら、実はかつては僕自身が、

「やりたくないことを必死でやる」

「やりたくないことほど、がんばって克服しようとする」

スペシャリストでしたから。


では、どうして今のような考えを持つようになったのか。

それは、

「やりたくないことをやめて、やりたいことをやる」

ことで、自分自身の価値がどんどん上がって、自分の想像もつかないほどの豊かさに包まれることができるのだと気づいたからです。


そのことについて、僕自身の経験を振り返りながら、書いていきたいと思います。

＊「安定」と「やりたいこと」——どっちを選ぶ？

僕は、新卒で入った会社に十九年も勤めたので、それなりのお給料をいただいていました。

その会社を、心理カウンセラーになるという「やりたいこと」をするためだけに、辞めたわけです。アホっぽいでしょう。

「辞めるとき、怖くなかったんですか」とよく聞かれますが、怖かったに決まっています。

すごく怖かった。清水《きよみず》の舞台を三つ積んだ上から飛んだみたいな感じです。

僕は二〇〇五年六月くらいにカウンセリングというものに出合い、心の世界を「面白いな」と思って、二〇〇六年四月に会社を辞めました。

カウンセリングという〝やりたいこと〟に出合って、一年以内で会社を辞めてしまったわけです。

「怖い、怖い」と言いながら。

当時の僕は、心の世界について学べるセミナーに通っていて、そこで参加者同士でペアを組んで、色んなワークをすることがありました。

そのときに「将来の夢は?」と聞き合うというワークで、ペアになった人に「会社を辞めて、カウンセラーとして起業したい」という夢があることを、チョロッと言ったのです。

そうしたら、その相手が、イヤなことを言ったわけです。

「ああ、辞めませんね、あなたは」

と。

「何でですか?」

と聞いたら、

「『辞める、辞める』と言っているだけの人は、絶対辞めないんですよ」

カチーンときたけれども、思いきり図星でした。

「辞めると言っていたら、格好いい」みたいな思いが、どこかにあったからです。

そこを突かれて、そのセミナーが終わった次の日に辞表を出しました。

会社を辞めるのは勢いです。誰かが背中を蹴ります。

「しまった、辞めると言ってしまった」

ここから、いよいよ本気を出してがんばりました。

✳「あっちへ行きたい」という芽がピュッと出てきたら……

「やりたいことをやる」と決めるときに一番大事になってくるのは、やはり**損する覚悟**です。

たとえば、会社を辞めるときの具体的な「損」は、安定した収入がなくなること。これを手放す覚悟が、絶対にいります。

そのためにも、ボーナスをもらう前に辞めること。

ボーナスは魔物です。「サラリーマン生活の記念として、これをもらってから辞めよう」と思えば思うほど、ずるずる「先延ばし」になります。

僕の場合ラッキーだったのは、当時の会社はボーナスがなかったのです。だから、別に九月だろうが何月だろうが構わなかったので、即座に辞められました。届け出をして、いよいよ、カウンセラーとして起業しました。

会社を辞めたいけれども、次の収入源や〝やりたいこと〟が見つかるまでは辞められないと思う人も多いと思います。

僕はカウンセリングという面白い世界に出合ってしまったから、「今の仕事をしている場合じゃない」と思ったのです。

早く、この面白いほうへ行きたいと。

そんな「あっちへ行きたい」という芽がピュッと生えたら、あとはもう勝手にニョキニョキ伸びていきます。もちろん、苦労もたくさんあります。

だから、自分のやりたいことや使命に気づかないで生きているほうが、ある意味で平和です。

＊波がザッバーンとくる〝大海〟へ、こぎ出す勇気

「やりたいこと」に気づいてしまったら、収入も何も約束されていない怖い世界に、足を踏み入れることになります。

今までは「会社」という守られた、いわば定期的にお金がもらえるプールの中で、ちゃぷちゃぷやっていたわけです。

溺《おぼ》れそうになったら、プールの端っこにつかまればいい。

波のないプールでちゃぷちゃぷやりながら、会社の文句を言ったり、「俺、こんなに泳げるんだ」と言ったりしていればいい。

それで二十五メートルを泳ぎきったら、すなわち月曜日から金曜日まで働いたら、休みがとれます。

ところが、会社を辞めると、プールからいきなり海へ放り出されるようなもの。プールで泳いでいて「俺、すごい泳げるんだ」と言っていた人が、海に行ったら、ウニを踏むわ、クラゲに刺されるわ、波がザッバーンとくるわ、もう大変なことに遭うわけです。

だから、みんなプールでちゃぷちゃぷしていたほうが気楽なのです。プールだったら、「あそこのプールサイドまで泳いで行けばいい」と、先も見えているわけです。

それが海に出たら、どこに終わりがあるのかわかりません。目指す島さえ霞んでいます。ちょっと泳いだら、もう足がつかないし、元いたところに戻ろうにも戻れません。

会社を辞めるというのは、そんな具合に大海へこぎ出していくようなものです。想像するだけで怖くありませんか。

それでも「もういいわ」と思って、僕はこぎ出しました。

最初のうち、僕は一生懸命、一生懸命、泳いでいました。

どこに着くのかわかりませんが、とにかく泳いでいたのです。

そんなふうにして泳いでいたら、豪華客船がボーッとやってきて、浮き輪をポーンと投げてくれました。

「上がってこい」と言うから上がっていくと、新しい世界が広がっていました。

それが今です。

プールにいたら、豪華客船は絶対に来ませんでした。

30 夢中になると「ひらひら楽しく」生きられる

ここまで、僕の話をしてきましたが、これは「会社を辞めましょう」という話ではなくて、**自分が自由になりましょう**ということです。

会社という枠の中にいても、自由も安定も感じながら、楽しく生きている人は山ほどいます。一方で、起業しても、何かに縛られてうまくいっていない人もいるでしょう。

自分がしたいことをする、やりたくないことをやめる。

そのために、会社を辞めることが必要なら、会社を辞めてもいい、ということです。会社も起業も〝やりたいことをする〟ための、ただの〝手段〟です。

✳会社にいても自由な人、会社を辞めても不自由な人

会社の中でも「やりたいこと」ができているなら、会社にいたほうが絶対にいいでしょう。不平不満を言って、この会社はどこそこが悪いとか、給料が少ないとか言っているのではなく、会社の中で自由に生きられるのであれば、そのほうがいい。

会社にいれば、定期的にもらえるお給料の枠の中で、安全で平和に過ごせます。でも、会社を飛び出せば、自分の可能性が自分でもわからないくらい広がっていくのです。

どっちをとるかです。

大きな仕事をするほうが幸せなのか、自分の身の丈に合ったことで暮らすほうが幸せなのか。

あくまで「選択肢」の話なので、「どちらがいい」とかいう話ではありません。

大事なのは、**自分らしく生きられるほうを選ぶ**ということです。

「会社を辞めると、いいことがあるよ」ではなくて、「したいことをして、やりたくないことをやめると、自分らしく生きられるし、いいことがある」ということです。

会社にいても自由な人は自由だし、会社を辞めても、何かに縛られている人はずっと不自由なのです。

僕らが自分らしく生きているとき、絶対に悪いことは起こりません。

一時的に悪いことに見えることがあったとしても、自分がこれからよくなっていくために必要な出来事しか、絶対に起こりません。


やりたいことをやって、やりたくないことをやめる。

そこには、実行した人にしかわからない素晴らしい世界が広がっています。

✳心が「面白い！」と思うことを追いかける

こんな質問をいただきました。

「去年、会社を辞めました。これからマッサージ師の資格をとろうと思っていますが、海（独立）では、プール（会社）での泳ぎ方は通用しません。

そこの切り替えの方法を教えてもらいたいと思います」

僕が今まで泳いでこられたのは、泳ぐのが面白かったからです。

「努力して働く」ことと**「夢中で働く」**ことは違うのです。

メルマガの読者を増やすことや、ブログの記事を書くことは、僕にとってはとても面白かったから、ずっと夢中でやってきました。そこに「苦」は一切ありません。

一方、努力には、「○○しないとヤバい。だから○○しよう」という、苦しいキーワードがくっついてきます。つまり、「苦」でいっぱいです。

夢中だったら、苦しまずに二十四時間、働けます。

でも、努力で二十四時間働くと苦しい。

努力の部分は誰かに頼んで、「夢中」になれることだけ自分でやればいい。

こういう状態を僕は**〝ひらひら〟**と言っています。

そして、僕の周りで活躍している人は、みんな〝ひらひら〟している人ばかりです。

31 「断る勇気」で人生が新展開

ある日、出演したテレビ番組のゲストが、大人気の女性芸人さんでした。

彼女はすごくブレイクしていて人気もありますが、先輩芸人さんの中になかなか入っていけなかったり、ネットでの自分の評判がすごく気になったりと、「自信がない」というのが、お悩みでした。

部屋も散らかっていて、帰宅するたびに「なんで、こんなに私はダメなんだろう」と落ち込むのだと話していました。

彼女は基本的には、片付けられない人ではないのです。

でも、ブレイクしているから、どんどん仕事のオファーがきて、それをすべて受けていたら、部屋を片付けたり、ゆっくりしたりする時間がとれずに、部屋がゴチャゴチャ状態になってしまったのです。

なぜ外から「証拠」をかき集めたくなる？

なぜ、やってくる仕事をどんどん引き受けてしまうのかというと、それを「引き受けないと怖い」から。

仕事をもらえる間は、スベることもあるけれどウケもするし、お金も入ってくる。それを続けていけば自信がついてきて、先輩芸人さんとも普通につき合っていけるのではないかと考えながら、彼女は一生懸命、がんばっていたわけです。

僕自身も、会社員時代は、彼女と同じように考えていました。

がんばって成長して、実績をつくって、そんなふうに一生懸命、外から〝証拠〟をかき集めてきたら、自信がつくはずと思って、ずっとやってきました。

けれども、がんばって実績を積めば〝それなりの自信〟はつきますが、〝それなりの自信〟の下はスカスカです。軽石のようにスカッとしているわけです。その下の部分がスカッとして気持ちが悪いから、さらにがんばるしかない。

彼女もそういう悩みを抱いていました。


では、どうすればいいのか。

外側から〝証拠〟を集めてきて自信をつくるのではなく、

「先に〝内側〟を満たそうよ」

ということです。

先に内側を満たすために一番簡単なのは、「仕事を断る」こと。

「断っても大丈夫なんだ」ということをまず体感しないことには、いつまでたっても自信がつきません。

＊「損してもいいから、やりたいことをやろう」

スタジオでその話をしている最中に、横やりが入りました。昔、活躍していた芸人さんです。その人は、

「そんなことを言っていたら、この世界では生きていけない」

「そんな贅沢を言っていたら、私たちはいつでも捨てられるんだから、やってきた仕事を一生懸命、全部やるんだ」

と、僕と正反対のことを言ってきました。

そこで、

「ちょっと待て、あいつの言うことを絶対に聞くな」

と珍しく僕は止めたのです。

僕は基本的に、他の人の発言に横やりを入れたり、止めたりはしません。です

が、番組の収録後、他の出演者さんが「あのとき、よく止めた」と、共感の言葉を伝えにきてくれました。

なぜかというと、他の出演者さんたちは、全員、

「損をしてもいいから、やりたいことをしよう」

と思ってやってきた結果、生き残っている人たちなのです。

そちらの考えを、ゲストの女性芸人さんにも伝えたかったわけです。

＊自分を「安売り」しない

珍しいことに、その日は収録が終わった後、司会者のタレントさんが僕のところにきて、

「ちょっと、話がしたいんだけど」

と話しかけてきました。

「仁さん（僕のことです）の言うことも本当にわかるけど、正直、芸能の世界で

は厳しいと思う」

と言うのです。

「でも、実は俺、新人の頃に、高倉健さんに言われたことがあるんです」

「何ですか」

「『お前、仕事断れよ』って」

「お前、仕事を断らないということは、安売りしているんや。だから、仕事をちゃんと断れ」

と言われたそうです。

でも、これは本当で、断るからこそ、新人ではなくなっていくのです。

ゲストの女性芸人さんに言ったのは、やみくもに仕事を断るのではなく、自分に合わない仕事、自分のブランドを落とす仕事、安い仕事を断るということ。

これは、別の言い方をすれば、**自分を大切にするということ**です。

たとえば今会社にいて、「したいこと」をせずに、「やりたくないこと」をして、ずっとガマンしているとしたら、その時間は全部〝自分を粗末に扱っている時間〟なのです。

そんなふうに自分のことを粗末に扱っていると何が起こるかというと、〝人も自分のことを粗末に扱うようになる〟のです。

「あなたは自分のことを粗末にしているんだよ」ということを周りの人が教えてくれているわけです。

だから、豊かさに包まれて幸せに生きるためには、「自分が本当にしたいことをして、やりたくないことをやめる」と決意するしかありません。

自分の人生を変える方法は、**「決意」**です。

32

気づいたら「お金回り」がよくなっている話

「自分の『やりたいこと』がわからないんです。

人の役に立ちたい、人の助けになりたいというのは、親の意見や先生など、人の影響でそう思い込んでいたのだと気づいてしまったら、自分が何をしたいかがわからなくなりました。

私が本当にやりたいことというと、遊ぶことしか浮かんできません。私のしたいことは、収入につながらない。それで三カ月くらい、ずっと悩んでいます」


講演会やこれまでの僕の本の中でも、いつも言っているのですが、うまくいくときのキーワードに、

「なんか知らんけど」があります。

自分で目標を立てて計画を練って、そこに向かってきちんと足場を組んでいく人がいます。でも、それをやっていくと、足場の届くところ、自分の想定したところまでしか行けません。

うまくいっている人は、収入につながらないものが、収入につながっている人なのです。「こんなことでお金をもらっていいのか」ということでお金をもらっている人ばかりです。

案ずるより先に「お金が入ってくる」不思議

遊びでも旅行でも買い物でも、とことん、「お金にならなくても、したいことをする」方向に行ってほしいのです。

「こんなこと、収入や仕事につながるのかな」と考えないのが一番です。それを考えていると、また常識の枠の中に入ってしまって、今までと変わりません。

「もういいから、とりあえず、やってやる！」

と、夢中になってやっていると流れが変わります。

そして、あなたの〝夢中〟に対して、「お金を払いたい」と言う人が、案ずるよりも先に登場します。

「え、これでお金をもらっていいんですか？」

と、こちらが逆に恐縮してしまうような感じです。

そこを越えると、「商売」として成り立っていきます。自分が「収入にならない」と思っていたことが「一番収入になる」ことに気づく瞬間です。

「なんか知らんけど」お金回りがよくなります。

そこから先は、未知の世界です。自分が知っている範囲を、はるかに超えている世界がやってきます。

「なんか知らんけど幸せ」な世界です。

＊「収入」は、思わぬところからやってくる

「やりたいことがわからない」という悩みに共感する人は、多いでしょう。やりたいことはあるけれども、それが収入につながるかどうかわからないという人もたくさんいると思います。

そういう人たちは、その考え方をまずは捨ててください。

「したいこと、やりたいこと」と、「仕事・収入」を合致させようとすると、本当に狭い、自分だけの常識の世界にしかいられません。

そこを飛び出してみると、あなたがやりたいことをやっているだけで、収入をくれる人が登場したりします。いわゆる、パパ（パトロン）みたいな人です。

「いくらでもお金を出してあげるから、あなたはそれをやっていていいよ」

と言ってくれる人が出てきます。

世の中にはちゃんと、そんな「パパ業」を役割としている人がいるのです。特

に芸術家は、昔からパパがいないと成り立たない人が多かったようですね。

一生懸命にやりたいことをやっていたら、誰かと出会って食べさせてもらえる。

たとえば、僕の奥さんは、僕の会社の役員をしていて、僕と給料が一緒です。彼女は月に五日くらいヨガの教室をやっていますが、売り上げとしては会社のごくごく一部です。それでも、僕と同じ給料になっています。

「それについて、どう思う？」と聞いたら、彼女は「当然」と言うわけです。

自分が稼ごうが、役に立とうが立たなかろうが、私はそのくらいの給料をもらえる価値があると、本人は思っています。で、それでいいわけです。

「私には、これだけの価値がある」

そう思えば、その分の収入が入ってきます。

あまり、「したいこと」「役立ったこと」と「収入・仕事」を結びつけて考えないでください。

特に女性はそうです。

そして、男性に守られる楽しさ――男性に守ってもらって、自由にさせてもらって、優しくしてもらうことを、いっぱい味わってほしいのです。

男性は女性に「そうしたい」からです。


「心屋さんの言う通り、好きなことだけやっていたら、どんどんお金がなくなってしまいました。不安で仕方ありません」というのも、よく聞く声です。

そんなときは「じゃ、好きなことをやるために他のことで働いてみて」と言っています。

すると、「それだけはイヤなんです」と返ってくることがある。

あ、その人の「好きなこと」って、その程度なんだ、と思います。

本当に「好きなこと」で生きていくには、「一番嫌いなこと」を一度乗り越える必要があるのに。

33

「がんばる教」から「なんか知らんけど教」に宗旨がえする

世の中にはさまざまな種類の宗教がありますが、今、この国で最も多くの人に信仰されている宗教、それは**「がんばる教」**ではないでしょうか。

「がんばる教」の人は、ありとあらゆる環境で、一生懸命に布教活動をしています。彼らは周りの人に、すぐ「がんばれ」って言います。

「がんばれ」

「がんばらないと、大変なことになるよ」

「がんばらないと、ダメよ」

「一緒にがんばろう」

「がんばれば、むくわれるよ」

と、色んな人にがんばることを推奨し、ときにがんばることを強要します。

それがもっと過激になると、

「そのぐらいで弱音を吐くな!!」

「這《は》ってでも会社に出てこい!!」

なんて言うこともあります。

多くの人が「がんばる教」の信者になったきっかけはやっぱり、お家が、ご両親が信仰していたから。両親が信仰していたのは、当時の国や社会がそういう方向だったから。

家が、「がんばる教」に入信していると、子どもも、当たり前に毎日教義を聞いて育ちます。それが「普通」になり、染みつきます。

がんばると、親や先生にほめてもらえる。

がんばってうまくいったことがあると、「やっぱり、がんばるといいんだ」と思う。「うまくいかない＝がんばりが足りない」になる。

だから、がんばる人こそ素晴らしいと思い、がんばれない人をバカにしたり、責めたり、見下したりします。

そして、「がんばる教」に入っているのに、その教義通りにがんばれない人は、自分を責め、大きな劣等感を持ちます。

「がんばる教」の信者が多いからこそ、日本は伸びてきた。だからこそ、休めない、さぼれない。疲れていても、家庭をないがしろにしてでも働く。

「がんばることで成果をあげてきた」と信じているから、「がんばらないと成果が落ちる」と思っているから、休めない。

そして突然、ブレーカーが落ちるのです。

＊「がんばる＝成果」ではない

僕もずっと「がんばる教」に入信し、熱心に布教活動をしていました（笑）。

「がんばることが正しい」「がんばることがすべて」
「がんばる＝ほめてもらえる」「がんばる＝成果が出る」
「がんばらない＝罪」

でした。こんな迷惑なヤツ、いません（笑）。

だいたい、そもそも「がんばる＝成果」なんてことは、ありません。

確率的には、五〇％ぐらいでしょうか。

がんばって一〇〇％成果が出るなら、全員が第一志望の大学にも一流企業にも合格しているし、資格試験にも昇進試験にも合格しているし、全員が金メダルで、全員が営業成績ナンバーワンです。高校野球の優勝校が、出場校の数だけ出てきます。

「がんばる＝成果」ではない。

これを知るだけでも、がんばる教から抜け出せます。

逆に今、心屋が布教しているのは**「なんか知らんけど教」**です。

「なんか知らんけど、うまくいく」

「なんか知らんけど、愛される」

「なんか知らんけど、楽しい」

そんなふうに、物事を考えます。


これは、「前提」の話でもあります。

「がんばる教」は、

・うまくいったのは、がんばったから
・うまくいかなかったのは、がんばりが足りなかったから

という前提でものを考えます。「がんばる＝愛される」「がんばれない＝見捨て

られる」なので、恐れでいっぱいです。だから、「がんばらない」なんてありえない。

「なんか知らんけど教」は、前提が、

・どうせ愛されている
・どうせうまくいく

という考えです。だから、**うまくいっても、うまくいかなくても、「なんか知らんけど、そうなった」**というバカみたいなものです。

起きる出来事、やってくる出来事を淡々と感じながら、向かい合いながら、
「たいへーん」
「楽しーい」

と言いながら、すべて受け容れるのです。

きっと何年か前の「がんばる教」信者だった僕がこの話を聞いたら、非難ごうごうでしょう。

「バカか、あいつは」「ありえない」「許せん」と思うでしょう。

まったく真逆の生き方なんですもの。

＊「さざ波にゆられる」気持ちよさ

そもそもは、うちの奥さんが「がんばる教」の僕のところに「がんばらん教」「なんか知らんけど教」を持ち込んだのです。

会社員時代の彼女も、「がんばる教」で生きてきた人でした。

でも「がんばる教」に入信していながら、同時に「がんばれない」を抱えていました。でも、僕と出会ってから、その「がんばれない」が加速したわけです。

するとと、がんばる教だった当時の僕は、イライラしてしまう。

で、がんばる教の教義を説明しました。「がんばる」を強要したのです。


それでも、「がんばる教」に入信している彼女にとっては、

「がんばりたいのに、がんばれない」

という苦しみは消えないわけです。

そう、この苦しみは「がんばる教」に入信しているゆえの苦しみなのです。

だから、そこから抜ければいい。

それは「もう、がんばる教やめる!!!」それだけでいいのです。


そして、うちは二人そろって「なんか知らんけど教」に宗旨がえしました（笑）。

そしたらまぁ、楽しい。

荒波を乗り越える生き方から、さざ波にゆられる生活に変わったわけです（ときに嵐も起きますが）。

しかも荒波を乗り越えて手に入れたものより、さざ波にゆらゆらと漂っているほうが、よっぽど素晴らしいものを受け取れたのです。

でも、この「がんばる教」を抜けるというのは結構大変で、色んな抵抗、引き止めに遭いました。色んな非難も浴びました。

でも、こんな僕たちを見ていて「なんか知らんけど教」に興味を持ってくれた人たちがぞくぞく集まってきた。

布教せずに適当に暮らしていたら「なんか知らんけど」、たくさんの人たちが集まってくれたのです。そして今、一緒に遊んでいるのです。

＊「流れに任せて、てきとー」にやっていく

「そうは言っても、相手が、上司が、親が、『がんばる教』だと、どうしようもないです」

と言う方もいるでしょう。

わかります。

「でも、かんけーねー」です。

自分がそこから抜けるという「意志」だけ持っていてください。それだけでいいです。わざわざ、「がんばる教」の相手に、「宗旨がえしました！」なんて、宣言しなくていいです。

てきとーにやりながら、がんばっているふりをしながら、にこにこしていてください。

「がんばる教」の人に怒られたら、てきとーに謝っておいてください。

「仕方ないなー」と言わせるまで、やってください。そうしたら、もうこっちのもんです（笑）。

そして**「流れに任せて、てきとー」**にやってください。

「なんか知らんけど教」楽しいですよー。

「なんか知らんけど教」の教義は、

＊がんばらない
＊やりたいことは、やる
＊やりたくないことは、やらない
＊やらなければいけないことは何もない
＊好きなことは夢中になっていい
＊損するほうを、選ぶ
＊「好き嫌い」で選ぶ
＊「なんとなく」で選ぶ
＊休む
＊依存する（寄生する）
＊仕事より家庭を優先する（家内安全第一）
＊お金は出すと入ってくる

✳いいものも悪いものも出す、受け容れる
✳勝手に拗《す》ねない、いじけない、強がらない
✳ちゃんと、言う
✳逃げていい
✳泣いていい
✳弱くていい、ダメでいい、役に立たなくていい
✳誰も助けなくていい
✳一番やりたくないこと（タブー）に向かい合う
✳自分は、思っているより最低なヤツだと認める
✳自分は、自分が思っている数千倍、素晴らしいと信じる
✳長所は伸ばさなくていいし、短所もそのままでいい
✳何かを「しよう」としなくていい
✳自分最優先（誰かのためにやったことよりも、自分のために自己満足でやったことが、結果として一番人の役に立つ）

＊ ワガママ、気まま、子どものように
＊ 踊るあほうになる
＊ どうせ、愛されている
＊ なんか知らんけど、うまくいく

こんな感じです。


そう、全部「がんばる教のタブー」なのです。

がんばる教の根っこは「がんばっていたら、親に愛される」でした。でも、「がんばらなくても愛される」と知るだけで、世界は変わるのです。

そう、僕が「がんばる」ことで自分を鍛えている間に、こんな素敵な世界が同時に「あった」のです。

おわりに……「悩んでる自分」を笑い飛ばそう

悩みって、もちろん「当の本人」にとっては深刻です。

でも、**第三者から見たら「案外、こっけい」**に見えるものなんです。


後ろを振り向くだけで、探しているものがあるのです。

ふと下を見れば、探しているものの上に立っているのです。

「第三者」から見れば、悩んでいることはすべて、そんな「こっけい」なこと。

どんなに苦しくて悩んでいても、数年後には、そのことについて爆笑していることがほとんどです。


だから僕は、いつも「魔法の言葉」や〝面白い表現〟を使うことで、

「悩んでいる自分、過去の自分、未来の自分を笑ってもらえたら」

と思いながら本を書いています。

「笑うことで、〝第三者の視点〟を手に入れる」

ことができるからです。

でも、自分が真剣に悩んでいるときに、誰かに目の前で笑われると、当然イラッとしますよね。

だから僕もできるだけ、悩んでいる方を前にして笑わないようにしていますし、その苦しみもすごくわかるから、寄り添って共感して、一緒に痛みを感じることもあります。

でも、いつまでもそこに浸っていては、前に進まないのです。

だから、**「先にまず、笑う」**こと。

「悩み」を、面白い表現に変えていくのです。

僕たちが悩むのは、まるで小さい子どもが、ボタンをかけ違えているようなもの。

「ボタン、一番下がずれてるよ」って、他の人が見たら、すぐわかること。

でも、間違えてボタンをかけてしまう長年のくせがなかなか抜けないから、真剣になるし、つらくなるし、苦しくなる。

だから僕は、一番下のボタンに注目できるように、そのボタンをたとえばクマさん形にするのです。

「なんだ、このボタン、クマさんじゃん！」

「ええ～、こんなことのために私、深刻になってたの⁉」

って、気づいて笑ってほしいのです。

もっと、もっと、もっと「上から」自分を見よう。

もっと、もっと、もっと「上から」他人を見よう。

第三者の視点になろう。

すると、世の中の、人生の「仕組み」がわかるのです。

もっと上から見るためには、

「まず笑う」

「悩んでいる自分を笑う」

「真剣になって、視野が狭くなっている自分を笑う」

こと。これが一番簡単なのです。


そしたら、どれだけ自分がくだらんことで真剣に悩んで、自分を悲劇のヒロインに仕立て上げて、同じところをグルグル回っていたか……。

おかしすぎて、面白すぎて、屁《へ》ぇこいてプ～です。

きっと、最高に笑えちゃうはずです。

心屋　仁之助

本書は、オリジナル作品です。

心《こころ》屋《や》仁《じん》之《の》助《すけ》の
なんか知《し》らんけど人生《じんせい》がうまくいく話《はなし》

著者　心屋仁之助（こころや・じんのすけ）

発行者　押鐘太陽

発行所　株式会社三笠書房

〒102-0072 東京都千代田区飯田橋3-3-1
電話　03-5226-5734（営業部）　03-5226-5731（編集部）
http://www.mikasashobo.co.jp

印刷　誠宏印刷

製本　ナショナル製本

ISBN978-4-8379-6742-2 C0130

王様文庫